Memorabilia of Chinese Intangible Cultural Heritage Protection

中国非物质文化遗产保护
大事记
2021

中国非物质文化遗产保护协会 / 编

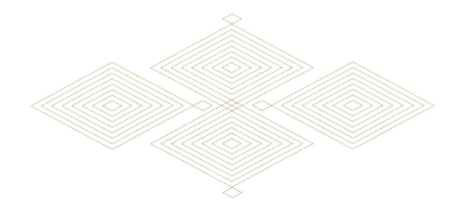

文化艺术出版社
Culture and Art Publishing House

图书在版编目（CIP）数据

中国非物质文化遗产保护大事记. 2021 / 中国非物质文化遗产保护协会编. —北京：
文化艺术出版社, 2022.3
ISBN 978-7-5039-7212-6

Ⅰ.①中… Ⅱ.①中… Ⅲ.①非物质文化遗产—大事记—中国—2021 Ⅳ.①G122

中国版本图书馆CIP数据核字〔2022〕第030992号

中国非物质文化遗产保护大事记 2021

编　　者　中国非物质文化遗产保护协会
责任编辑　叶茹飞　李　特　贾　茜
责任校对　董　斌
书籍设计　李　响　马夕雯
出版发行　文化艺术出版社
地　　址　北京市东城区东四八条52号　（100700）
网　　址　www.caaph.com
电子邮箱　s@caaph.com
电　　话　（010）84057666（总编室）　　84057667（办公室）
　　　　　　　　　84057696—84057699（发行部）
传　　真　（010）84057660（总编室）　　84057670（办公室）
　　　　　　　　　84057690（发行部）
经　　销　新华书店
印　　刷　北京雅昌艺术印刷有限公司
版　　次　2022 年 3 月第 1 版
印　　次　2022 年 3 月第 1 次印刷
开　　本　850 毫米 × 1168 毫米　1/16
印　　张　17.25
字　　数　200千字
书　　号　ISBN 978-7-5039-7212-6
定　　价　188.00 元

编辑委员会

目　录

前　言

　　中华优秀传统文化是中华民族的精神命脉，是涵养社会主义核心价值观的重要源泉，也是我们在世界文化激荡中站稳脚跟的坚实根基。中国的非物质文化遗产是中华优秀传统文化的重要组成部分，是中华文明绵延传承的生动见证。党的十八大以来，习近平总书记对非物质文化遗产的保护传承和开发利用工作高度重视，并多次在地方考察调研。在习近平总书记的关怀和部署下，各地用心用情开展工作，越来越多非遗项目融入人们的生产生活。2021年，习近平总书记先后在贵州、广西、青海、陕西等地调研中考察苗绣、柳州螺蛳粉、壮族三月三、加牙藏毯、绥德平安书等非遗项目，在陕西榆林考察时强调"要坚持以社会主义核心价值观为引领，坚持创造性转化、创新性发展，找到传统文化和现代生活的连接点，不断满足人民日益增长的美好生活需要"。

　　2021年是中国共产党成立100周年和"十四五"规划开局之年，也是非物质文化遗产的保护传承和开发利用工作取得丰硕成果的一年。非遗领域政策制度建设取得重要进展，中共中央办公厅、国务院办公厅印发《关于进一步加强非物质文化遗产保护工作的意见》，文化和旅游部印发《"十四五"非物质文化遗产保护规划》，对做好新时代非遗保护工作作出明确规定；非遗保护基础工作扎实推进，国务院公布"第五批国家级非物质文化遗产代表性项目名录"，文化和旅游部认定保护单位445家；非物质文化遗产的保护传承和开发利用迈出新步伐，非物质文化遗产记录工程、《中国传统工艺振兴计划》、中国非物质文化遗产传承人群研修研习培训计划、《曲艺传承发展计划》等重大项目持续推进实施，文化和自然遗产日、非遗购物节、中国传统工艺邀请展、中国原生民歌节等重大活动成功举办；非遗保护理念日益深入人心、蔚然成风，成为传承和弘扬中华优秀传统文化、坚定文化自信的亮丽风景线。

为真实、全面、客观地记录2021年度中国非物质文化遗产保护传承和开发利用情况，助力中华优秀传统文化创造性转化、创新性发展，中国非物质文化遗产保护协会主持编写了《中国非物质文化遗产保护大事记 2021》（以下简称《大事记》），并委托中国文化传媒集团有限公司具体负责信息收集、整理和汇编等工作。

《大事记》按照"客观记事、突出重点、抓大放小、提纲挈领"的原则，全面梳理2021年度中国非遗保护工作中的重大事件和重要活动。入选的事件主要根据媒体公开报道整理汇总，来源于中华人民共和国文化和旅游部政府门户网站、各地文化和旅游厅（局）网站等各类官方网站，中央重点新闻媒体及各省官方媒体中有关非遗活动事件的报道。汇编过程中，注重选取成绩显著、社会影响广泛的代表性事件和重大活动，深入总结非遗保护领域的创新性探索思路和做法，广泛吸收对全国非遗保护传承具有示范效应的典型工作经验，积极引导全社会参与非遗保护传承，营造"见人见物见生活"的浓厚氛围。

《大事记》内容涵盖党中央、国务院关于非遗工作的重要会议、文件和政策法规，文化和旅游部、全国各地各级主管部门以及行业相关单位与非遗相关的重点工作和重大事件，共计319篇。在内容编排上，所有事件以月份为序进行编排，各月事件中，文化和旅游部机关及直属单位相关事件优先排列，地方信息按时序排列。在具体编纂上，既考虑事件的典型性，又兼顾写作的简洁性；在叙事风格上，讲求客观陈述，不作铺陈；在语言表达上，力求简明扼要、言简意赅。

与一般《大事记》相比，本书的特色和创新之处在于，除了全面梳理年度非遗事件外，还通过中国文化传媒集团有限公司拥有自主知识产权、集"媒体 + 政务 + 智库 + 产业"于一体的大型云服务平台"中传云"，对非遗事件相关新闻报道的数量进行了统计，全方位、立体化、多角度地呈现所收录非遗事件的传播情况和影响力。

在组织编写过程中，相关工作得到了文化和旅游部非物质文化遗产司和有关直属单位以及各级各地非遗主管部门的大力支持，在此一并致谢。

囿于条件限制，在收集整理过程中难免有疏漏和错误之处，敬请批评指正。

中国非物质文化遗产保护协会

1月

2021年"文化进万家——视频直播家乡年"活动温暖万家

1月20日，由文化和旅游部非物质文化遗产司主办，中国演出行业协会协办，快手、抖音、微博、酷狗等网络平台参与的"文化进万家——视频直播家乡年"活动正式启动。活动以

活动宣传海报

线上形式开展，支持各地以系列短视频、直播等方式，对符合当地疫情防控规定、可以举办的民俗活动，从筹备到正式举办的全过程及相关年俗场景进行拍摄记录，上传至平台"视频直播家乡年"活动专区进行集中展播，并支持网友参与拍摄上传、互动交流。同步推出的还有与"年文化"相关的话题、直播等活动，如"家乡腊八节""家乡除夕夜""家乡的春节""家乡元宵节"等，并邀请主播达人以短视频的形式助力家乡非遗，在当地开展与非遗相关的直播活动。

来源：中华人民共和国文化和旅游部政府门户网站
中传云大数据平台相关信息共计685篇

"非遗牛年大集"活动举办　让消费者畅享线上大年集

1月24日至2月26日，中国非物质文化遗产保护协会联合阿里巴巴集团共同主办的"非遗牛年大集"活动举办。文化和旅游部党组成员、中国非物质文化遗产保护协会会长王晓峰出席1月24日举办的启动仪式并致辞。活动以"寻得年味，解得乡愁"为主题，消费者可以畅享"看非遗直播、购非遗好物、品非遗美食、赏非遗绝技"的线上大年集。活动期间，天猫、淘宝以及部分跨境电商开设非遗特色产品专区，邀请头部主播宣传非遗产品，邀请非遗传承人、非遗工作者走进直播间，介绍非遗技艺、讲述非遗故事。截至2020年底，

活动宣传海报

已经有近600个非遗中华老字号、近千家非遗手艺人商家走进淘宝天猫。过去一年，有超过2亿用户在手淘上购买了非遗产品，其中"00后"消费者增长了50%。

来源：中华人民共和国文化和旅游部政府门户网站、《中国旅游报》
中传云大数据平台相关信息共计923篇

重庆市开展非遗曲艺试点书场工作

2021年1月，重庆市成为文化和旅游部非物质文化遗产司批准的5个全国首批非遗曲艺试点书场省市之一。根据工作安排，重庆市在市曲艺团山城书场、万州南浦剧场、沙坪坝区巴渝书场、铜梁何代科书场四个书场开展试点工作。四个试点书场通过人才培养、加强演出、打造精品，完善政策等措施，全年累计开展传承培训400余次，年均演出600余场，搜集整理传统曲目1400余个，围绕建党100周年、乡村振兴、成渝地区双城经济圈建设等，创作60余个曲艺节目，创新、改编曲目200余个，在抖音、快手、喜马拉雅等网络平台点赞量突破千万。万州区被中国曲艺家协会授予"中国曲艺之乡"的称号。

重庆市沙坪坝区文化馆巴渝书场表演现场

来源：上游新闻·重庆晨报、重庆文艺网
中传云大数据平台相关信息共计257篇

"全面小康·非遗赋彩" 2021非遗过大年
——第四届湖南非遗新春博览会举办

1月1日至3日，由湖南省文化和旅游厅指导，湖南省文化馆（湖南省非物质文化遗产保护中心）主办的"全面小康·非遗赋彩" 2021非遗过大年——第四届湖南非遗新春博览会在湖南省文化馆举办。博览会致力于表现"新时代、新生活、新传承",现场设置舞台展演、传统工艺精品展、湘味年货展、传统医药义诊和非遗研学体验五大板块,近50项非遗项目全方位展示出湖南丰富多彩的非遗资源和非遗保护工作成效。同时,博览会通过非遗纪录片视频展播、传承人互动交流等形式,让游客在参观、体验中感受湖南非遗的独特魅力,提升非遗保护传承意识。

来源:湖南省文化和旅游厅政府门户网站
中传云大数据平台相关信息共计83篇

广西壮族自治区人民政府公布第八批自治区级非遗代表性项目名录

1月4日,广西壮族自治区人民政府批准自治区文化和旅游厅确定的第八批自治区级非物质文化遗产代表性项目名录152项。此次入选的自治区级非物质文化遗产代表性项目涵盖民间文学、传统音乐、传统舞蹈、曲艺、传统技艺等9个类别,包括三江侗族双歌、北流狮舞、龙州壮族天琴制作技艺、武鸣壮族抢花炮等,入选项目数量为历年来最多。截至目前,广西共有914项自治区级非物质文化遗产代表性项目。

来源:"新华社"客户端、广西壮族自治区文化和旅游厅政府门户网站
中传云大数据平台相关信息共计287篇

上海市举办首届非遗食品购物节

1月8日，由上海市非遗保护协会举办的首届非遗食品购物节在上海市非物质文化遗产衍生品营销中心开幕。购物节上，上海市非遗保护协会联合上海数十家食品类非遗保护单位共同打造的"非遗老味道"新年礼盒上市。新年礼盒所有产品均从数十家非遗保护单位和"中华老字号"企业中

"非遗老味道"新年礼盒

遴选，十款深受上海市民喜爱的"老味道"脱颖而出，包括万有全家乡咸肉、老大同香糟风肉、丁义兴枫泾丁蹄、邵万生泥螺皇、立丰特级香肠、三林碧色酱瓜、沈大成血糯米八宝饭、乔家栅上海酱鸭、老城隍庙秋梨膏、龙华古寺罗汉饼、杏花楼鸡仔饼、闻万泰宝塔菜和瀛泉老上海酒酿等。

来源：上海市徐汇区人民政府门户网站
中传云大数据平台相关信息共计92篇

湖南省发布首批传统工艺振兴目录

1月15日，湖南省第一批传统工艺振兴目录发布。湖南省文化和旅游厅、湖南省工业和信息化厅在广泛调研、专家评审的基础上，制定了第一

批传统工艺振兴目录，湘绣、苗族服饰制作技艺等56项非遗代表性项目被收录，包含14项进入首批国家传统工艺振兴目录的代表性项目。其中，国家级非遗代表性项目24项、省级非遗代表性项目32项；涉及纺染织绣、服饰制作、编织扎制、雕刻塑造、家具建筑、金属加工、剪纸刻绘、陶瓷烧造、文房制作、食品制作、中药炮制、器具制作12个门类。

来源：中国网
中传云大数据平台相关信息共计1518篇

河北省举办"抗击疫情　众志成城"2021河北非遗作品网上展播

1月18日起，为普及抗疫知识，宣传河北人民抗疫精神和感人事迹，河北省非物质文化遗产保护中心举办了"抗击疫情　众志成城"2021河北非遗作品网上展播。活动号召全省非遗传承人，在遵守疫情防控要求和做好个人防护的前提下，利用多种非遗呈现形式，创作以"抗击疫情　众志成城"为主题的作品，为打赢疫情防控战贡献力量。展播期间，"河北非物质文化遗产"微信公众号陆续发布各地的优秀作品共14期。

来源：河北新闻网、"河北非物质文化遗产"微信公众号
中传云大数据平台相关信息共计101篇

吉林省开展"非遗过大年　文化进万家 ——视频直播家乡年"系列活动

1月18日至2月16日，吉林省文化和旅游厅以"非遗过大年　文化进万家"为主题，选取吉林乌拉满族年俗、查干萨日、花棒秧歌、朝鲜族打糕制作技艺、烧月亮房、朝鲜族尤茨、长白山回族龙灯、鼎丰真糕点制作技艺8个具有鲜明地域、民族特色的年俗活动进行宣传短片展播，拍摄视频15条，分别上传至抖音、快手和新浪微博平台。通过吉林省文化和旅游厅官方账号"悠游吉林"在抖音、快手上传的视频，在全国文化和旅游系统官方账号视频点赞量最高；双阳区文化馆在抖音、快手上传的视频，在全国文化和旅游系统官方账号视频播放量最高，受到文化和旅游部非物质文化遗产司的表彰。

活动宣传海报

来源：吉林省文化和旅游厅供稿
中传云大数据平台相关信息共计381篇

天津市开展"年味天津"主题活动

1月20日至23日，天津市文化和旅游局举办了"年味天津"主题活动。活动在相关平台搭建天津文旅产品专区，集结"吃住行游购娱"等3000余家商铺，以优惠的价格销售景区门票、酒店客房、旅游线路、非遗商品、美食等，并精选300多个商家进行直播展卖。"年味天津"直播活动时间为1月20日至23日每天的12：00—14：00和19：00—24：00，中午开设一个直播间，晚上开设两个直播间，总直播时长达48个小时。此外，天津市文化和旅游局与"饿了么"平台聚合了60余家企业、近200家门店，共同开设长期在线的"天津礼物城市甄选品牌馆"，并不断引导更多的知名企业加盟，以传播天津文创、传承非遗、弘扬传统文化。

未源：天津市文化和旅游局政府门户网站、中国新闻网
中传云大数据平台相关信息共计1013篇

辽宁省开展"非遗过大年　文化进万家 ——
辽宁非物质文化遗产展示展演系列活动"

1月20日至2月26日，辽宁省14个市以"非遗过大年　文化进万家"为主题，组织开展了丰富多彩的线上线下非遗宣传展示活动。在线上，辽宁省推选的10个与"年文化"相关的龙舞、狮舞、灯会等国家级、省级非遗项目参加了全国"视频直播家乡年"活动。选送的"剪不断的乡

愁"视频在微博"非遗过大年 文化进万家"最受网友喜欢的视频评选活动中位列前十。"非遗过大年 文化进万家——辽宁非物质文化遗产展示展演系列活动"分为"乐体验,视频直播家乡年""看大戏,名家名段欢乐年""知节俗,专家开讲文化年"等六大板块,辽宁省文化遗产保护中心的抖音、快手、微博、微信公众号等平台,推出精彩短视频,和辽沈观众一起"网络过大年"。在线下,各市围绕认识非遗、了解非遗、保护非遗的主题,举办了丰富多彩的宣传展演活动,涵盖传统戏剧、曲艺、传统美术、民俗等多个非遗门类,展示活动共计70场(次),群众参与10.9万人(次)。

医巫闾山满族剪纸国家级代表性传承人赵志国为徒弟讲解牛年创作剪纸《牛气冲天》的寓意与剪制技巧,张佳鹏摄

"乐体验,视频直播家乡年"活动直播截图

来源:辽宁省文化和旅游厅政府门户网站、《沈阳日报》
中传云大数据平台相关信息共计496篇

浙江省组织开展"非遗过大年 文化进万家 ——视频直播家乡年"活动

　　1月20日，由文化和旅游部非物质文化遗产司主办，中国演出行业协会协办，快手、抖音、微博、酷狗等网络平台参与的"非遗过大年 文化进万家——视频直播家乡年"活动启动。浙江省文化和旅游厅从各地推荐报送的民俗活动和年俗非遗项目中，遴选出楼外楼传统菜肴制作技艺、奉化布龙、前童元宵行会、蒲城拔五更等12个充满"年味"的非遗项目进行线上展示。快手、抖音、微博、酷狗等参与平台纷纷上线"视频直播家乡年"展播专区，参与平台还推出"寻味非遗年 过家乡的节"、"非遗过年DOU来播"话题线上区域赛、"直播见非遗 云上有年俗"系列活动等与"年文化"相关的话题、直播活动。

来源：中国非物质文化遗产网
中传云大数据平台相关信息共计895篇

河南省开展"非遗过大年 文化进万家—— 视频直播家乡年"系列活动

　　1月20日至2月26日，开封市朱仙镇木版年画、焦作市苏家作龙凤灯舞、洛阳市孟津剪纸、平顶山市宝丰县马街书会、鹤壁市浚县正月古庙会、信阳市光山花鼓戏、巩义市小相狮舞、滑县木版年画8项与"年文化"密切相关的非遗项目参与了由文化和旅游部非物质文化遗产司主办的"非遗过大年　文化进万家——视频直播家乡年"活动。本次活动，在快手、抖音平台，以系列短视频、直播等方式，让广大网友网上寻味非遗年，云端过家乡的节。8个重点推介项目所在地区非遗相关部门开通的官方账号——"开封非遗""焦作非遗""孟津非遗""宝丰非遗""浚县非遗""光山非遗""巩义非遗""滑县非遗"，于1月20日正式在快手、抖音平台发布非遗宣传片，并在1月20日至2月26日持续推出短视频。

来源：河南省文化和旅游厅政府门户网站
中传云大数据平台相关信息共计376篇

重庆市开展"非遗过大年　文化进万家——视频直播家乡年"活动

　　1月20日至2月26日，重庆市举办"非遗过大年　文化进万家——视频直播家乡年"活动。活动通过抖音、快手视频直播平台和微博等，发布"非遗过大年"直播、视频、图片内容70多条，对彭水苗族民歌、丰都龙河高台狮舞等20余个非遗项目进行了全程视频直播，同时展示了铜梁龙舞、梁平木版年画、秀山花灯、彭水高台狮舞、黔江狮舞龙舞、江津小彩龙舞、荣昌杀

活动现场

年猪习俗等一批非遗项目，给广大群众及外地网友带来浓浓的年俗年味，展现了重庆非遗和中华优秀传统文化的魅力。

来源：上游新闻·重庆商报
中传云大数据平台相关信息共计730篇

陕西省组织开展"非遗过大年　文化进万家——视频直播家乡年"活动

1月20日，由文化和旅游部非物质文化遗产司主办，中国演出行业协会协办、快手、抖音、微博、酷狗等网络平台参与的"非遗过大年　文化进万家——视频直播家乡年"活动启动。陕西省文化和旅游厅进行了"非遗过大年　文化进万家"主题宣传，先后去西安、大荔、华州、华阴、临渭、汉中、凤翔等地进行非遗拍摄，并在各地推荐的基础上组织拍摄了"黄河岸边过大年"、凤翔"腊八节"等年俗短视频，精选了陇州社火、彬州灯山会、义兴燎疳、春倌说春和协税社火等富有陕西特色、具有美好寓意和浓郁"年味"的项目予以重点支持和指导。相关项目视频在陕西省文化和旅游厅官方网站、微信公众号等平台进行了集中展播。截至2月26日，陕西省非物质文化遗产保护中心制作的《黄河岸边过大年》《大荔带把肘子》等短视频宣传片，抖音观看量214.3万人次，微博话题阅读量128713人次。

来源：《陕西日报》"文化陕西"微信公众号
中传云大数据平台相关信息共计389篇

云南省开展"非遗过大年　文化进万家 —— 视频直播家乡年"系列活动

1月20日，由文化和旅游部非物质文化遗产司主办，中国演出行业协会协办，快手、抖音、微博、酷狗等网络平台参与的"非遗过大年　文化进万家 —— 视频直播家乡年"线上展演活动正式启动。2021年春节、元宵节期间，云南省红河州屏边县的苗族花山节，楚雄州永仁县的赛装节，曲靖市陆良县的闹元宵，大理州弥渡县的花灯戏，丽江市古城区的纳西族白沙细乐、洞经音乐，昆明市盘龙区的金殿庙会，玉溪市通海县的抬阁（通海高台）、高跷舞狮9个与"年文化"密切相关的非遗项目通过抖音、快手、微博等平台，以短视频、直播形式记录和展示云南丰富的年俗文化活动，营造欢乐、祥和、喜庆的中国年氛围，让人民群众在疫情防控常态化背景下感受家的味道、年的味道。

来源：云南非物质文化遗产保护网
中传云大数据平台相关信息共计569篇

甘肃省开展"非遗过大年　文化进万家 —— 视频直播家乡年"系列活动

1月20日，由文化和旅游部非物质文化遗产司主办，中国演出行业协会协办，快手、抖音、微博、酷狗等网络平台参与的"非遗过大年　文化进万家 —— 视频直播家乡年"线上展演活动启动。甘肃省文化和旅游厅组织遴选了太昊伏羲祭典、甘州黄河灯阵、民勤曲子戏、河州北乡秧歌、岷县巴当舞、庄浪高抬、永昌节子舞、景泰滚灯、酒泉福禄车、嘉峪关地蹦子10个项目参加此次活动。因疫情防控需要，甘肃省原计划

活动现场

开展的线上现场直播活动取消，在往年活动素材的基础上，剪辑制作了以上10个项目的视频宣传片，并开通了"天水非遗""甘州非遗""民勤非遗""永靖非遗""岷县非遗""庄浪非遗""永昌非遗""景泰非遗""嘉峪关非遗"等抖音、快手官方账号，借助新媒体平台展现甘肃省各地丰富多彩的非遗项目，展示各地近年来非遗保护的工作成果。甘肃省各市（州）也推出了"非遗过大年 文化进万家"系列活动，积极组织其他非遗项目参与线上展示展演，对当地的年俗活动进行大力宣传，让民众在网上感受家的味道、年的味道，营造欢乐、祥和、喜庆的中国年氛围。

来源：甘肃省文化和旅游厅政府门户网站
中传云大数据平台相关信息共计123篇

黑龙江省开展"非遗过大年 文化进万家"非遗宣传展示系列活动

1月20日，由文化和旅游部非物质文化遗产司主办，中国演出行业协会协办，快手、抖音、微博、酷狗等网络平台参与的"非遗过大年 文

化进万家——视频直播家乡年"线上展演活动启动。1月22日，黑龙江省文化和旅游厅遴选"东北二人转""东北大鼓""东北传统大秧歌（大浪花）""兰西彭氏年画""满汉全席北派

活动宣传海报

菜""亚沟粘豆包制作技艺""兰西挂钱"等10个具有黑龙江地方特色的与春节相关的项目录制成短视频和专题片，组织20多家项目保护单位在抖音、快手和微博宣传推送相关视频资源；与黑龙江省电视台合作，从"腊月二十三小年"开始至元宵节期间，在黑龙江电视台公共·农业频道《帮忙》节目中每天播出一集，让更多的网友感受到了黑龙江非遗的独特魅力，也让工作在异地因防疫不能回家过年的人们得到了心灵上的慰藉。

来源：龙头新闻·黑龙江日报、"极光新闻"客户端
中传云大数据平台相关信息共计380篇

云南省迪庆藏族自治州非物质文化遗产代表性项目成果主题展示活动在昆明举办

1月27日至4月底，在云南省文化和旅游厅、云南省非物质文化遗产保护中心的支持下，"吉祥迪庆·多彩非遗"——迪庆藏族自治州非物质文化遗产代表性项目成果主题展示活动在昆明举办。展示活动精选了藏族黑陶、纳西族东巴纸、唐卡、藏香、迪庆藏刀、木碗、弦子、藏族传统金

属铸造工艺品、藏族雕版印经、藏族服饰、傈僳族弩弓、傈僳族民间"三大件"、花腊裱、傈僳族草编、藏族银器饰品、皮革、藏族纺织品、葫芦笙等非遗传统技艺项目进行展示宣传，展示了迪庆丰富的多元民族文化，呈现出迪庆非物质文化遗产的特征和魅力。

主题展示活动现场展板

主题展示活动现场

来源：迪庆非物质文化遗产保护网、"迪庆非遗"微信公众号
中传云大数据平台相关信息共计32篇

2 月

文化和旅游部非物质文化遗产司荣获全国脱贫攻坚先进集体荣誉称号

2月25日，全国脱贫攻坚总结表彰大会在北京人民大会堂隆重举行。中共中央总书记、国家主席、中央军委主席习近平向全国脱贫攻坚楷模荣誉称号获得者颁奖并发表重要讲话。大会对全国脱贫攻坚先进个人、先进集体进行了表彰，文化和旅游部非物质文化遗产司荣获全国脱贫攻坚先进集体荣誉称号。文化和旅游部非物质文化遗产司积极贯彻落实习近平总书记关于扶贫工作和非物质文化遗产保护的重要指示精神，制定印发《中国传统工艺振兴计划》《文化和旅游部办公厅　国务院扶贫办综合司关于大力振兴贫困地区传统工艺助力精准扶贫的通知》《文化和旅游部办公厅　国务院扶贫办综合司关于支持设立非遗扶贫就业工坊的通知》《文化和旅游部办公厅　国务院扶贫办综合司关于推进非遗扶贫就业工坊建设的通知》等，充分发挥传统工艺类非遗联系千家万户、遍布城镇村庄，具有带动贫困地区群众居家就业、脱贫增收的独特优势，指导各地组织大规模非遗技能培训，积极建设传统工艺工作站和非遗扶贫就业工坊，组织开展非遗博览会、非遗购物节等展示展销活动，全面开展非遗助力脱贫攻坚工作。截至2020年12月，全国共设立非遗工坊超过2000所，其中国家级贫困县设立的扶贫工坊近1000家，助力超过10万的贫困户就业增收。同时，积极帮助贫困地区搭建线上线下销售渠道，在中国非物质文化遗产博览会、中国义乌文化和旅游产品交易博览会等重要展会上设立非遗扶贫专区，在"文化和自然遗产日"支持各大电商举办"非遗购物节"，帮助非遗扶贫带头人、相关企业拓展销售渠道，让贫困地区人民群众切实从非遗扶贫中真正获益。通过支持非遗扶贫品牌活动和优秀带头人宣传、举办"非遗助力精准扶贫和乡村振兴"论坛等活动，不断提升非遗助力精准扶贫的社会可见度和影响力，形成了合力推动非遗助力精准扶贫的工作格局。

来源：中华人民共和国文化和旅游部政府门户网站、中国非物质文化遗产网
中传云大数据平台相关信息共计65篇

2021年山东省暨济南市"非物质文化遗产月"系列活动举办

2月3日，2021年山东省暨济南市"非物质文化遗产月"在济南市启动。活动通过线上方式，举办"千年非遗　百年福至"山东省新春非遗展示活动，彰显了在中国共产党领导下非遗焕发新的生机和强大的活

启动仪式上的展演活动

力，展示了山东省非遗保护取得的最新成果，向建党百年献礼，活动引起广泛关注，31家央媒给予宣传推介，19家省媒和若干市媒宣传转发。2021年"山东省非物质文化遗产月"期间（腊月二十三至次年二月初二），山东省各地在做好疫情防控工作前提下，以线上线下相结合的方式开展丰富多彩的非遗宣传展示活动，受到广大群众的热烈欢迎。

来源：中国非物质文化遗产网、齐鲁网
中传云大数据平台相关信息共计615篇

北京市开展"和顺致祥迎新春 非遗伴您过大年"系列线上活动

2月4日，北京市文化和旅游局、北京日报社联合推出2021年北京"和顺致祥迎新春 非遗伴您过大年"系列线上活动，活动包括8场线上年俗知识普及、14个特别制作的非遗技艺与春节故事的视频节目以及10余场直播活动。活动不仅让"就地过年"的人民群众及海外华侨华人在网上就能感受家乡的味道、过年的味道，而且展现了中国人民抗击疫情、驱散阴霾的决心和欢乐喜庆过大年的浓厚氛围。

来源：《北京日报》
中传云大数据平台相关信息共计316篇

"春·醒"醒狮精品展在广州举办

2月5日，由广州市委宣传部指导、广州市文化广电旅游局主办的"春·醒"醒狮精品展在广州塔开幕。2006年，狮舞（广东醒狮）入选第一批国家级非物质文化遗产名录。展览紧扣"狮路传情"和"狮醒中国"两大主线，分为展柜精品陈列、场景式互动展示以及DIY体验区三个部分。在展柜精品陈列部分，28个巨大展柜陈列了100多件醒狮精品，涵盖醒狮扎作、丝绸、陶瓷、珐琅、刺绣等非遗传统技艺，还注入时尚创新元素，以传统和创新相结合的形式呈现千年传承的醒狮文化。场景式互动展示部分通过西关大屋的醒狮上门采青、新春开年的醒狮献瑞等展示了独特的岭南民俗，营造了浓浓的新春气氛。

来源：人民网、金羊网
中传云大数据平台相关信息共计434篇

河北省举办"云上寻年味 非遗解乡愁 ——河北非遗直播家乡年"活动

2月6日至10日，由河北省非物质文化遗产保护中心联合河北新闻网推出的"云上寻年味 非遗解乡愁 ——河北非遗直播家乡年"活动在河北新闻网官方网站，河北新闻网微博号、快手号、百家

直播海报

号、头条号和"冀看点"抖音号进行网络直播。衡水武强年画博物馆、衡水内画博物馆、廊坊市群众艺术馆非物质文化遗产展厅、唐山宴饮食文化博物馆以及吴桥杂技大世界景区参与直播，非遗传承人现场制作演示、了解特色佳肴、欣赏杂技表演，以丰富多样的直播内容带观众一起感受非遗的魅力，感受家乡的味道、过年的味道。

来源："河北非物质文化遗产"微信公众号、河北新闻网
中传云大数据平台相关信息共计102篇

上海四古镇举办长三角非遗灯彩荟活动

2月9日，在文化和旅游部非物质文化遗产司、上海市文化和旅游局指导下，上海四古镇举办了长三角非遗灯彩荟活动。活动邀请秦淮灯会（江苏省南京市）、硖石灯彩（浙江省海宁市）、肥东洋蛇灯（安徽省合肥市肥东县）、仙居灯彩（浙江省台州市）、苏州灯彩（江苏省苏州市）等长三角地区的代表性灯彩非遗项目，以及上海本地的朱泾花灯、罗店彩灯、何克明灯彩等在枫泾镇、朱家角镇、新场镇、罗店镇4个古镇进行集中展示，并同步举办传统演艺、美食体验、传统工艺集市等游园活动，营造了浓郁的传统节庆氛围。

来源：上海市文化和旅游局供稿
中传云大数据平台相关信息共计191篇

宁夏回族自治区开展"非遗过大年 文化进万家——视频直播活动"

2月10日，由宁夏回族自治区文化和旅游厅、银川市人民政府主办的"非遗过大年 文化进万家——视频直播活动"启动，让"就地过年"的民众在网上观看非遗直播，感受非遗魅力、家乡味道、春节氛围。活动中，抖音美食类大号、银川新闻网官方抖音号的10名主播在抖音、快手等平台线上直播非遗美食制作技艺，现场带货，让全国各地观众买到称心如意的宁夏美食和非遗产品。活动期间，宁夏手抓羊肉、中宁蒿子面、仙鹤楼水饺、油香馓子、黄渠桥爆炒羊羔肉、隆德暖锅、八宝茶制作技艺等传统技艺的现场展示，让线上线下的观众体验传统技艺，感受传统文化韵味。此外，活动还为宁夏各行各业"就地过年"的外地工作者送上宁夏新春的文化"大礼包"，让他们在年关能够吃上非遗饺子、看上非遗视频，用宁味小吃抚慰他们的乡愁，让他们充分感受到党和政府的温暖、宁夏人民的热情。

主会场活动现场

非遗传承人现场展示非遗技艺

来源："宁夏文化和旅游"微信公众号
中传云大数据平台相关信息共计567篇

青海省开展"非遗过大年　文化进万家"非遗宣传展示系列活动

　　2月11日至17日，青海省以"非遗过大年　文化进万家"为主题，组织开展了丰富多彩的非遗宣传展示活动。各地在严格落实疫情防控要求的基础上，举办"非遗过大年　文化进万家"线上线下非遗宣传展示活动269场（次），参与人数达220万人次，涉及海晏县河湟剪纸、乐都区九曲黄河灯会、洪水火龙舞、高庙社火、民和县土族纳顿节、官亭正月火花会等与"年文化"相关的国家级、省级非遗项目。全省各地文化和旅游部门以非遗项目宣传片展播、非遗技艺短视频联播及非遗小课堂、主播话非遗、传承人直播带货等形式，依托抖音、快手、微信、微博等新媒体平台和各类线上新闻媒介累计举办"非遗过大年　文化进万家"线上宣传展播活动约191场（次），累计发布视频及图文信息312个（篇），网上浏览量达186.2万人次。非遗宣传展示活动紧密围绕各项非遗资源，注重展示非遗

主会场活动现场

非遗传承人现场展示非遗技艺

保护成果，推动实现文化和旅游资源惠民共享，让群众"就地过年"的同时，感受家乡年俗的"风味"和传统文化的独特魅力。

来源：青海新闻网

中传云大数据平台相关信息共计1008篇

"陕西非物质文化遗产展"在澳大利亚阿德莱德艺术节中心举办

2月13日，由阿德莱德艺术节中心、悉尼中国文化中心与陕西省文化和旅游厅共同主办的"陕西非物质文化遗产展"在澳大利亚阿德莱德艺术节中心开幕。"陕西非物质文化遗产展"展出了棉絮画、华县皮影、西秦刺绣、凤翔木版年画、

展览现场

渭北花袄子、耀州青瓷等100多件独具特色的陕西非遗传承人作品，让南澳大利亚市民充分感知中国传统民间技艺的精妙，领略陕西非遗的魅力。

来源：中国文化网

中传云大数据平台相关信息共计4篇

"上图讲座·非遗大课堂"系列讲座在上海图书馆开讲

2月17日,"上图讲座·非遗大课堂"在上海图书馆举行启动仪式并进行首讲。2021年,上图共邀请6位专家授课,包括非遗领域重大政策制定参与者,重大事件亲历者以及中国民俗学、非遗十大门类的国家级、市级专家、学者,有丰富实践经验的管理者和非遗代表性项目传承人。"上图讲座·非遗大课堂"以传承和弘扬中国优秀传统文化为宗旨,以传播非物质文化遗产的人民性、文化性、知识性、实践性为目的,在具有43年辉煌历程的"上图讲座"品牌项目的基础上,为上海建立了一个公众可以深入学习和系统了解非物质文化遗产的开放式大课堂。

"上图讲座·非遗大课堂"启动仪式现场,上海图书馆供图

来源:中华人民共和国文化和旅游部政府门户网站、"文旅中国"客户端
中传云人数据平台相关信息共计264篇

福建省公布第五批省级非物质文化遗产代表性传承人名单

2月22日，为加强非物质文化遗产传承人队伍建设，有效保护和传承非物质文化遗产，根据《福建省非物质文化遗产条例》和《福建省省级非物质文化遗产代表性传承人认定与管理办法》的相关规定，福建省文化和旅游厅正式公布福建省第五批省级非物质文化遗产代表性传承人名单，施文铃等182人入选。

来源：东南网
中传云大数据平台相关信息共计429篇

河北省举办"非遗闹元宵　冀云乐万家 —— 2021河北正月十五云联欢"活动

2月26日，河北省非物质文化遗产保护中心、长城新媒体集团联合推出"非遗闹元宵　冀云乐万家 —— 2021河北正月十五云联欢"活动。长城新媒体集团派出14路外景记者，带领观众走近燕赵非物质文化遗产，感受浓厚的特色民俗和年味儿，品味文化传承之美。本次直播活动还特别邀约非遗专家深度解读非遗渊源，增加正月十五"闹元宵"的元素，设置互动环节，让广大网友感受非物质文化遗产独特的魅力。活动备受欢迎，众多网友积极互动留言、参与猜灯谜活动。

"2021 河北正月十五云联欢"直播活动现场，吴思影摄

多点位视频直播截图

来源：长城网
中传云大数据平台相关信息共计 33 篇

3

月

"非物质文化遗产保护"列入普通高校本科专业目录

3月1日，教育部公布了2020年度普通高等学校本科专业备案和审批结果。其中，在列入普通高等学校本科专业目录的新专业名单（2021年）的艺术学门类中，新增非物质文化遗产保护、音乐教育、纤维艺术3个专业。随着文化遗产保护工作的深入，对专业人才的需求量也越来越大。根据相关部门的研究，在"十二五"期间，文化遗产保护和管理人才的缺口有10万人之多，迫切需要培养相关的专业人才来承担起非物质文化遗产保护的历史使命。

来源：光明网
中传云大数据平台相关信息共计1387篇

《政府工作报告》提出加强非物质文化遗产传承

3月5日，第十三届全国人民代表大会第四次会议在北京人民大会堂开幕。国务院总理李克强作《政府工作报告》。《政府工作报告》在"2021年重点工作""切实增进民生福祉，不断提高社会建设水平"部分段落中明确提出，"传承弘扬中华优秀传统文化，加强文物保护利用和非物质文化遗产传承，建设国家文化公园"。

来源：中国政府网
中传云大数据平台相关信息共计4595篇

《中华人民共和国国民经济和社会发展第十四个五年规划和2035年远景目标纲要（草案）》提出强化非遗系统性保护

　　3月11日，第十三届全国人民代表大会第四次会议表决通过了《中华人民共和国国民经济和社会发展第十四个五年规划和2035年远景目标纲要（草案）》。在《纲要》中，多处内容涉及非物质文化遗产，其中明确提出，强化非物质文化遗产系统性保护，推动中医药传承创新。《纲要》第十篇第三十四章为"提高社会文明程度"。该章第三节提出："深入实施中华优秀传统文化传承发展工程，强化重要文化和自然遗产、非物质文化遗产系统性保护，推动中华优秀传统文化创造性转化、创新性发展。加强文物科技创新，实施中华文明探源和考古中国工程，开展中华文化资源普查，加强文物和古籍保护研究利用，推进革命文物和红色遗址保护，完善流失文物追索返还制度。建设长城、大运河、长征、黄河等国家文化公园，加强世界文化遗产、文物保护单位、考古遗址公园、历史文化名城名镇名村保护。健全非物质文化遗产保护传承体系，加强各民族优秀传统手工艺保护和传承。"《纲要》第十篇第三十六章第三节的专栏13"社会主义文化繁荣发展工程"第4部分中，明确提出"建设20个国家重点区域考古标本库房、30个国家级文化生态保护区和20个国家级非物质文化遗产馆"。

来源：中国政府网

中传云大数据平台相关信息共计55篇

"锦绣中华——2021中国非物质文化遗产服饰秀"系列活动在海南三亚举办

3月14日至15日,"锦绣中华——2021中国非物质文化遗产服饰秀"系列活动在海南三亚崖州古城举办。文化和旅游部党组成员王晓峰,海南省委常委、副省长苻彩香出席活动开幕式。本次活动以"锦绣中华、衣被天下""活态传承、

文化和旅游部党组成员王晓峰,海南省委常委、副省长苻彩香出席活动开幕式

美好生活"为主题,呈现"南溟吉贝——黎锦主题非遗服饰秀""织山绣水——苗族织染绣主题非遗服饰秀""锦衣御裳——宋锦主题非遗服饰秀""点染华章——影视剧主题非遗服饰秀"等篇章。多项非物质文化遗产代表性项目与现代服饰相结合,诠释传统工艺的精湛技艺和创意设计的奇思妙想。活动期间还举办了"振兴传统工艺学术论坛——'锦绣中华 衣被天下'专题学术研讨会",业内专家、时尚设计师代表、主创团队等围绕非遗多维度创新、非遗多媒介传播、非遗多区域协作、非遗多专业合作多个论题开展深入讨论。

来源:新华网、"文旅中国"客户端
中传云大数据平台相关信息共计275篇

中国非物质文化遗产保护协会非遗与旅游融合协调委员会在北京成立

3月31日，中国非物质文化遗产保护协会非遗与旅游融合协调委员会（简称"协调委员会"）在北京成立。文化和旅游部党组成员、中国非物质文化遗产保护协会会长王晓峰出席成立会议。协调委员会将通过探索标准化助力文化和旅游高质量发展，发挥专业化打造文化和旅游融合智库力量，努力形成保护与利用协调、理论与实践互鉴的融合发展机制，推动多方实现更深层次、更大范围的互惠合作。会上，非遗和旅游领域的专家代表就非遗保护传承、创新发展以及非遗与旅游融合具体实践路径等主题交流发言。

来源：《中国文化报》光明网
中传云大数据平台相关信息共计7篇

山东省首批非遗曲艺试点书场挂牌

根据《曲艺传承发展计划》的有关要求，文化和旅游部非物质文化遗产司设立全国首批非遗曲艺试点书场，山东省成为全国五个试点省份之一。为贯彻落实文化和旅游部《曲艺传承发展计划》和试点开展非遗曲艺书场工作的有关要求，推动曲艺类非物质文化遗产传承发展，2020年9月以来，山东省文化和旅游厅制定了《山东省非遗曲艺书场试点工作实施方案》，开展了全省曲艺类非遗普查调研，确定济南、济宁、滨州、菏泽

4市为非遗曲艺试点书场地区，并经试点地区申报，命名济南市明湖居、江湖艺社相声剧场、济宁市曲兴社南池书场、滨州市文化馆群星剧场、菏泽市曹州牡丹园5个曲艺演出场所为非遗曲艺书场。2021年3月以来，各

山东济宁"曲兴社"南池书场授牌现场表演

非遗曲艺试点书场先后揭牌，对提升试点地区曲艺成果保护利用、提高演出实践频次、加强人才队伍建设等方面具有显著作用。

来源：中华网山东官方网站、中国山东网、《菏泽日报》等
中传云大数据平台相关信息共计45篇

四川省召开非遗保护工作座谈会

3月11日，四川非遗保护工作座谈会在都江堰市召开，全省非遗保护中心相关负责人参加了会议。四川省非遗保护中心负责人通报了2020年四川非遗保护工作情况及2021年重点工作，提出了省非遗保护中心"3中心""3基地"的定位和发展目标，并号召市州非遗保护中心队伍紧密团结起来，加强交流互鉴和学习沟通，共同推动四川非遗保护工作再上新台阶。四川省非遗保护中心相关部门负责人分别就四川非遗宣传传播情况、

四川非遗大数据平台建设情况进行了介绍。座谈会上，四川全省21个市（州）非遗保护中心的参会代表围绕构建完善全省非遗保护工作联动机制、提高传承人记录工作和记录成果利用、更好推进文化生态保护区（试验区）系统性保护、共建共享四川非遗数据平台等话题进行了深入交流讨论。

来源：中国非物质文化遗产网
中传云大数据平台相关信息共计15篇

"百工献艺庆百年 —— 河南非遗讲述的中国共产党百年历史"线上展览活动举办

3月14日，河南省非物质文化遗产保护中心联合全省文化馆、非遗保护中心及河南省民间文艺家协会等单位共同打造的"百工献艺庆百年 —— 河南非遗讲述的中国共产党百年历史"线上展览在"河南非遗"微信公众号开展。主办方发动了全省非遗传承人、从业者、爱好者积极参与，精心创作和认真整理既往反映党史、新中国史的传统技艺类、传统美术类非遗作品，举办线上展览，生动呈现中国共产党的伟大奋斗历程和取得的辉煌成就。与此同时，活动还用"非遗小课堂"的形式向观众普及承载民族记忆的非遗知识，传承传统文化。

来源：新华网、河南省人民政府门户网站
中传云大数据平台相关信息共计28篇

河南省举办"第十一届中原古韵 ——中国（淮阳）非物质文化遗产展演联动云直播"活动

3月14日、21日，由河南省文化和旅游厅主办的"第十一届中原古韵 —— 中国（淮阳）非物质文化遗产展演联动云直播"完成两场活动。首场云直播联动了央视频、新华社现场云、抖音、腾讯新闻等17家官方媒体、新闻类门户网站、视频门户网

内蒙古自治区蒙古长调、呼麦、马头琴非遗展演现场

站，在3个多小时的时间里，来自10个省、自治区具有鲜明地方特色的世界级、国家级非遗项目在云直播演播室完成展演。"中原古韵 —— 中国（淮阳）非物质文化遗产展演"始办于2010年，受到疫情影响，本次展演调整为线上活动，利用好抖音、快手、腾讯新闻、微信朋友圈和微信视频号等新媒体平台，加强淮阳非遗展演大声量推广宣传力度，同时举办"淮阳文旅贺新春　沿黄非遗拜大年""匠心传承　云上非遗"等线上系列活动，总曝光量高达504万，让广大观众近距离欣赏独具魅力和特色的民族民俗文化，感受上古遗风，领略华夏深厚的文化内涵。

来源：河南省文化和旅游厅政府门户网站、《郑州日报》
中传云大数据平台相关信息共计274篇

纪录片《非遗鄂尔多斯》在央视播出

3月19日至21日，由鄂尔多斯市委宣传部指导，鄂尔多斯市文化和旅游局推出的三集非物质文化遗产纪录片《非遗鄂尔多斯》在中央电视台纪录频道（CCTV-9）播出。纪录片《非遗

《非遗鄂尔多斯》预告片截图

鄂尔多斯》分为《草原之魂》《大地之情》《天籁之音》三集，生动展示了鄂尔多斯源远流长、丰富厚重、绚丽多彩的非物质文化遗产。

来源：《内蒙古日报》国际在线官方网站
中传云大数据平台相关信息共计204篇

"丝线编织艺术之美 —— 四川非物质文化遗产精品展"在日本东京举办

3月19日至4月11日，由公益财团法人日中友好会馆与四川省文化和旅游厅联合主办的"丝线编织艺术之美 —— 四川非物质文化遗产精品展"在日中友好会馆美术馆举办。2021年是中日文化体育交流促进年，展览从四川省国家级非物质文化遗产项目中精选了成都银花丝、道明竹编、蜀锦、阆中丝毯四个门类近80件手工

观众参观"四川非物质文化遗产精品展"

艺作品，充分展示了中国传统手工艺的高超技艺与匠人精神，彰显了中国人民独特的审美情趣，为日本观众送去超越国界的艺术之美与感动。展览期间还举办了多场中国变脸表演、琵琶演奏会以及四川美食节活动。

来源：人民网、新华网
中传云大数据平台相关信息共计318篇

纪录片《京剧遇上非遗》在天津电视台播出

3月22日，七集人文纪录片《京剧遇上非遗》在天津电视台文艺频道首播，并在津云等新媒体平台同步播出。作为一部反映与京剧艺术相关的多门类非遗的纪录片，该片匠心独运，聚焦与京剧密切相关的戏服、脸谱、点翠、京胡制作、盔头制作、板鼓演奏技艺、京胡演奏技艺七类非遗项目，系统展现了与京剧休戚相关的非遗艺术魅力和精髓，在传承故事中彰显着工匠精神和天津人对历史文化遗产的坚守和弘扬。

来源：新华网
中传云大数据平台相关信息共计89篇

山东省召开"2021年全省非遗重点工作会商会议"

3月24日，山东省在济南召开"2021年全省非遗重点工作会商会议"。会议对2021年各项非遗重点工作进行了具体部署、对接和推进，与会人员进行了讨论交流。会议指出，2021年是"十四五"规划开局之年，做好2021年非遗工作至关重要。2021年山东非遗保护工作将强化系统性保护，以黄河流域、大运河沿线传统文化保护传承弘

山东省非遗重点工作会商会议现场

扬为主线，积极推进非遗服务国家重大战略、助力乡村文化振兴、非遗旅游融合发展、非遗传播能力建设、非遗理论研究、区域整体性保护、智慧非遗建设、非遗保护制度体系完善八个方面的重点工作。山东省16市文化和旅游局分管领导、相关机构负责人、高等院校代表共80余人参加了会议。

来源：中国非物质文化遗产网、山东省文化和旅游厅政府门户网站
中传云大数据平台相关信息共计33篇

湖南省召开"全省非物质文化遗产保护工作座谈会"

3月26日，由湖南省文化和旅游厅主办的"全省非物质文化遗产保护工作座谈会"在常德市召开。会议总结回顾了"十三五"时期的工作，研究部署了"十四五"时期和2021年的重点工作任务。

座谈会现场

会议提出，2021年湖南将在高质量推动非遗振兴上继续发力，以湘西传统工艺工作站为龙头，以扶贫就业工坊为主阵地，以列入"国家传统工艺振兴目录"的项目和乡村地区为重点，培育具有湖湘特色的传统工艺知名品牌。

来源：《湖南日报》、湖南省文化和旅游厅政府门户网站
中传云大数据平台相关信息共计41篇

河南省举办"设计·非遗·乡村——2020年度非遗研培成果展"

3月26日至31日，由河南省文化和旅游厅主办的"设计·非遗·乡村——2020年度非遗研培成果展"在郑州轻工业大学举行。此次展览是河南省对在传统工艺领域落实文化和旅游部"2020年度中国非物质文化遗产传承人群研修研习培训计划"的成果展示，现场分别展示了河南省内唯一承担传统工艺类研培项目高校郑州轻工业大学设计学院以汝阳高庄布鞋非遗工坊、潢川贡面非遗工坊、鲁山花瓷非遗工坊、鲁山麦秆画非遗工坊为培训点举办的两期研培班的结业作品，以及研培教师团队为各个非遗工坊在产品包装、产品种类等方面做出的改良方案成果。

来源：人民网
中传云大数据平台相关信息共计113篇

山东省召开"全省非遗研究基地工作座谈会"

3月30日，由山东省文化和旅游厅、山东大学共同主办的"全省非遗研究基地工作座谈会"召开。来自山东的7个省级非遗研究基地和5个受邀院校的20余位代表汇报了非遗研究基地的学术成果及未来工作思路。会议提出，山东省文化和旅游厅将与各高校、

座谈会现场

各科研院所紧密合作，紧紧围绕黄河流域生态保护和高质量发展、大运河文化带建设、乡村文化振兴、新旧动能转换等国家重大战略，坚持问题导向，在非遗研究的系统性、战略性、基础性、科学性、实效性上下功夫、出实招。

来源：山东省文化和旅游厅政的门户网站
中传云大数据平台相关信息共计22篇

"思亲怀远岭南风 —— 广东清明、重阳民俗摄影作品展"在广州举办

3月30日至4月7日，由广东省非物质文化遗产保护中心主办的"思亲怀远岭南风 —— 广东清明、重阳民俗摄影作品展"在广东省文化馆举办。此前，广东省非物质文化遗产保护中心组织了征稿活动，公开征集反

映广东清明、重阳民俗的摄影作品。活动得到社会公众的热烈响应，共收到430位作者的1774张参赛照片，最终评选出一等奖3张（组）、二等奖6张（组）、三等奖12张（组）、优秀奖108张（组）。本次展览汇集129张（组）获奖摄影作品，以图片的形式，向广大市民直观地展示了有关广东清明、重阳的传统习俗，在展现非遗魅力的同时，也增加了公众对传统节日和中华优秀传统文化的认知。

来源：广东省文化和旅游厅政府门户网站
中传云大数据平台相关信息共计11篇

川渝两地签署合作框架协议　共建非遗保护传承体系

3月30日，成渝地区双城经济圈非遗保护共建合作工作座谈会在四川遂宁举行。会上，四川省非物质文化遗产保护中心和重庆市非物质文化遗产保护中心签署《推动成渝地区双城经济圈非物质文化遗产保护共建合作框架协议》，双方将围绕加强资源整合、推进合理利用、培育非遗品牌等5个方面展开合作，共同构建川渝两地非物质文化遗产保护传承体系，共同推动川渝两地非物质文化遗产保护、传承、利用和发展。根据协议，双方将成立巴蜀非遗保护专家委员会（联合工作小组），每半年在两地轮流举行专家会议，交流学术研究成果，研讨非遗保护政策建议。

来源：《四川日报》
中传云大数据平台相关信息共计61篇

4
月

"大运河沿线国家级非物质文化遗产代表性传承人研修班"在苏州举办

4月7日，由文化和旅游部非物质文化遗产司主办，江苏省文化和旅游厅、苏州市文化广电和旅游局承办的"大运河沿线国家级非物质文化遗产代表性传承人研修班"在苏州开班。研修班以保护传承弘扬大运河非遗为

开班仪式现场

主题，紧密结合非遗保护工作需要和传承人需求设置课程，通过专题教学、案例分享、现场教学、学员沙龙等形式，阐释非遗保护政策理论，解读传承人权利义务，还设置了非遗进景区的案例分析、短视频和电商营销等精彩内容。研修班还安排了研讨交流，组织传承人围绕非遗保护传承的瓶颈问题和发展思路谈看法、提思路，听取意见建议。

来源：中华人民共和国文化和旅游部政府门户网站、江苏省文化和旅游厅政府门户网站
中传云大数据平台相关信息共计32篇

文化和旅游部非物质文化遗产司组织开展《中华人民共和国非物质文化遗产法》专题学习

4月12日，文化和旅游部非物质文化遗产司邀请全国人大教科文卫委

员会文化室原主任朱兵同志讲授《中华人民共和国非物质文化遗产法》有关理论和实践。朱兵从《中华人民共和国非物质文化遗产法》的起草背景、内容架构、影响意义等方面介绍了相关情况，并就信息公开、法律修订等问题与大家进行了解答交流。

来源：中华人民共和国文化和旅游部政府门户网站
中传云大数据平台相关信息共计 10 篇

文化和旅游部非物质文化遗产司开展《中华人民共和国非物质文化遗产法》贯彻落实情况调研

4月13日起，为全面总结《中华人民共和国非物质文化遗产法》（以下简称《非物质文化遗产法》）实施以来的贯彻落实情况，进一步提升非遗系统性保护水平，文化和旅游部对各地贯彻落实《非物质文化遗产法》情况进行了调研。调研采取自我总结与重点调研相结合的方式，主要调研各地配套法规制度建设，非遗保护工作纳入本级国民经济和社会发展规划，非遗保护经费列入本级财政预算，非遗保护机构设立、建设，非遗资源调查、记录、建档，县级以上非遗代表性项目名录建设，县级以上非遗代表性传承人认定、管理，文化生态保护（实验）区设立、建设等情况。文化和旅游部非物质文化遗产司调研组先后赴宁夏回族自治区、吉林省、海南省、湖南省、福建省等地开展调研。文化和旅游部非物质文化遗产司结合各地报送的资料和报告，对调研情况进行全面总结。同时，委托相关机构，撰写形成《非物质文化遗产法》贯彻落实情况的相关评估报告。

来源：中国非物质文化遗产网、安徽省文化和旅游厅政府门户网站、海南省旅游和文化广电体育厅政府门户网站等
中传云大数据平台相关信息共计239篇

全国古籍修复技艺竞赛颁奖仪式暨古籍修复工作研讨会在中国国家图书馆举行

4月16日，由中国国家图书馆（国家古籍保护中心）举办的全国古籍修复技艺竞赛颁奖仪式暨古籍修复工作研讨会在国家图书馆举行。活动期间，公布了全国古籍修复技艺竞赛获奖名单和古籍修复技艺传习所增聘及续聘导师名单。来自国

活动现场

家图书馆、上海图书馆、天津图书馆等单位的获奖代表分享了古籍修复经验，与会古籍修复技艺传习导师和修复师就古籍修复技艺传习工作进行了深入探讨和交流。

来源：中华人民共和国文化和旅游部政府门户网站
中传云大数据平台相关信息共计84篇

"2021年度黄河流域国家级非物质文化遗产代表性传承人研修班"在西安举办

4月19日至23日，由文化和旅游部非物质文化遗产司主办、陕西省文化和旅游厅承办、陕西省非物质文化遗产保护中心协办的"2021年度黄河流域国家级非物质文化遗产代表性传承人研修班"在陕西西安举办。此次研修班以"保护传承

研修班现场

弘扬黄河流域非物质文化遗产"为主题，邀请长安大学、京东等单位专家教授和国家级非遗项目凤翔泥塑代表性传承人进行专题教学和案例分析，广泛探讨交流，畅谈非遗保护实践、共叙黄河流域非遗传承发展。研修期间，还组织全体学员赴大唐芙蓉园、大唐不夜城步行街和西安关中民俗艺术博物院等地现场观摩了"西安鼓乐""关中传统民居营造技艺"等非遗融合发展项目，围绕"如何发挥代表性传承人在非遗整体性保护中的作用"等主题开展了学员沙龙，分享传承保护经验。

来源：陕西省文化和旅游厅政府门户网站
中传云大数据平台相关信息共计23篇

联合国教科文组织亚太地区非物质文化遗产国际培训中心管理委员会第十次会议在北京召开

4月26日，联合国教科文组织亚太地区非物质文化遗产国际培训中心在北京召开管理委员会第十次会议。亚太中心管委会主席、文化和旅游部党组成员、副部长张旭主持会议。会议采取线上方式进行，审议并批准了亚太中心2020年度工作报告和2021

亚太中心线下主会场现场

年度工作计划等事项。亚太中心是联合国教科文组织二类中心，负责为亚太地区国家和地区提供非物质文化遗产能力建设培训。截至2021年4月，亚太中心已为亚太地区举办了52期非物质文化遗产能力建设培训，覆盖40个国家和地区。

来源：中国非物质文化遗产网、"中国日报网"官方账号
中传云大数据平台相关信息共计10篇

河北省举办"河北年画专题展"

4月3日，由河北省非物质文化遗产保护中心主办的"河北年画专题展"在河北省群众艺术馆开展。展览展出了武强木版年画、内丘神码、邯

郸市复兴区民间手绘画和辛集农民画四项河北省代表性年画类非遗项目。参展作品内容广泛、题材丰富、风格各异，既有传统题材年画，又有反映当代生活的新年画，展现了河北人民追求真善美的价值观念和生活态度，反映了河北新时代社会发展的新成就、新风尚。

展览现场，孟贵成摄

来源："河北非物质文化遗产"微信公众号
中传云大数据平台相关信息共计286篇

河南省举办2021中国开封清明文化节开幕式暨"老家河南 黄河之礼"2020国际文旅创意设计季（中国·开封）成果展示会

　　4月3日，由河南省文化和旅游厅、开封市人民政府、腾讯公司共同主办的2021中国开封清明文化节开幕式暨"老家河南 黄河之礼"2020国际文旅创意设计季（中国·开封）成果展示会在开封举办。展示会通过"黄河流域河南9地黄河之礼"创意视觉、"老家河南黄河之礼"非遗数字馆小程序数字化交互、倾听"宋词中国世界开封"原创音乐征集大赛非遗数字音乐专辑、黄河文创礼物展台、"汴梁华裳"中国开封华服征集的北宋华服优秀作品、太极拳非遗QQ表情包"多福的太极拳日常"数字体验等多元化形式，精彩展示了"老家河南 黄河之礼"2020国际文旅创意设计季（中国·开封）的众多成果。从2020年5月26日启动以来，"老家河南 黄河之礼"2020国际文旅创意设计季（中国·开封）活动，邀请15位获得国际大奖的先锋设计师与河南1市8县非遗代表性传承人围绕开封汴绣、新郑黄帝传说、巩义巩县窑陶瓷、汝州汝瓷等共同打造了"黄河之礼"。

来源：河南省文化和旅游厅政府门户网站
中传云大数据平台相关信息共计137篇

河北省举办"我们的节日·风和日丽过清明——河北省非物质文化遗产系列网络活动"

4月5日，河北省群众艺术馆、河北省非遗保护中心在清明节期间推出"我们的节日·风和日丽过清明——河北省非物质文化遗产系列网络活动"。本次活动共分"清明时节话清明""清明时节云缅怀""清明时节云展播"三个板块。"河北非物质文化遗产"公众号"清明时节话清明"板块以图文并茂的形式介绍清明节有关知识；"清明时节云缅怀"板块详细介绍了张家棣等近年来去世的河北省国家级、省级传承人的从艺经历、传承谱系、技艺特点等内容；"清明时节云展播"板块在云端播出石家庄丝弦《宗泽与岳飞》、京东大鼓《圆梦》、西河大鼓《白求恩在河间》等体现家国情怀、民族精神、时代精神等主题的传统戏剧、曲艺等经典剧目和新创作品，将非遗作品送进百姓生活。

来源：《河北日报》
中传云大数据平台相关信息共计65篇

广西壮族自治区举办"壮族三月三·相约游柳州"2021年中国·柳州"鱼峰歌圩"全国山歌邀请赛暨少数民族"非遗"文化艺术展演活动

4月11日，由广西壮族自治区文化和旅游厅、柳州市人民政府主办的"壮族三月三·相约游柳州"2021年中国·柳州"鱼峰歌圩"全国山歌邀请赛暨少数民族"非遗"文化艺术展演在柳州市开幕。活动邀请到多位国家级、

开幕式现场

省级著名歌手以及来自粤港澳大湾区和粤桂黔高铁经济带，云南、宁夏、四川、陕西等20余个极具民歌特色的省（自治区）、市的100多名优秀歌手参赛参展、同台竞技。此外，主办方还举办了融合紫荆花城、非遗展演、紫荆花特色文创产品展示、中外优秀民歌联合展演等多重元素的系列活动，通过中华戏曲非遗展演、少数民族非遗文化艺术展演等活动，为非遗戏曲的传承和保护搭建全新的展示平台，接续壮族山歌的永恒魅力。作为享誉全国的地方性永久艺术赛事，自2014年以来，经过连续七年的积极推动和规模化运作，"鱼峰歌圩"全国山歌邀请赛已成为云集全国一流歌手、民族元素丰富且参与性强的国家级山歌邀请赛。

来源：广西壮族自治区文化和旅游厅政府门户网站
中传云大数据平台相关信息共计297篇

浙江省举办"文脉咏传"浙江非遗主题展

4月14日，由中共中央对外联络部和中共浙江省委共同主办的"中国共产党的故事——习近平新时代中国特色社会主义思想在浙江的实践"专题宣介会在杭州国际博览中心举行。根据浙

展览现场

江省委宣传部、浙江省文化和旅游厅的统一安排，同期举办"文脉咏传"浙江非遗主题展。此次展览共展出包括越窑青瓷、青田石雕等12个极具浙江特色的非遗代表性项目和12位代表性传承人的精品力作，充分展现浙江非遗传承人的精湛技艺和非遗保护工作成果。

来源：中国非物质文化遗产网
中传云大数据平台相关信息共计80篇

广西壮族自治区非遗精彩亮相"壮族三月三·八桂嘉年华"活动

4月14日，2021年"壮族三月三·八桂嘉年华"主会场活动在南宁青秀山风景区开幕。活动期间，广西壮族自治区文化和旅游厅组织开展了"广西有味·百县千菜""广西有礼"等系列多彩的非遗活动，展现了桂风

壮韵。"广西有味·百县千菜"2021广西非遗特色美食大赛汇集来自广西111个县市区共320道非遗特色美食及地方特色小吃，为人们呈现了一场精彩的美食盛宴，展示了自治区丰富多彩的民族特色饮食文化。"广西有礼"——广西非遗手工技艺类、老字号商品展示活动，包括非遗技艺展演、非遗商品展示和非遗名录项目展示等，汇聚了极具特色的广西非物质文化遗产精华，展示了广西的文化底蕴和魅力。非遗文化特色商品展上，右江壮族麽乜制作技艺、桂林圆竹剖丝团扇制作技艺等丰富多彩的非遗项目和非遗民族艺术精品，吸引了不少市民和游客朋友驻足欣赏。

活动主会场展演现场

非遗展示现场

来源：广西壮族自治区文化和旅游厅政府门户网站
中传云大数据平台相关信息共计4814篇

山西省举办晋中文化生态保护实验区非遗创意产品大赛

4月14日，由山西省文化和旅游厅主办、山西省文化和旅游发展中心承办的晋中文化生态保护实验区非遗创意产品大赛启动并进入作品征集阶段。大赛以"非遗走进现代生活"为主题，包含作品征集、作品评选、颁奖及展览等阶段。参赛作品包括旅游纪念品、工艺美术品、文化艺术品、家具用品等非遗创意产品。

来源：《中国旅游报》
中传云大数据平台相关信息共计64篇

贵州省召开2021年贵州传统工艺振兴研讨会

4月18日，2021年贵州传统工艺振兴研讨会在雷山召开。本次研讨会旨在分享传统工艺创新创业优秀案例，探索传统工艺及文创产业的发展规律与创新模式，寻找省内民族企业与省外文创企业的协同发展机制，探索东西部协作的工作路径，形成可供参考推广的传统工艺振兴案例。本次会议还设置了苗绣及文创产品产业发展专项研讨环节，总结省内

研讨会现场

苗绣及其产业发展，为苗绣的保护与传承寻突破、拓新路。研讨会上，来自省内外的专家学者、非遗传承人及传统工艺从业者围绕传统工艺振兴和苗绣产业发展，提出问题，探寻出路，为传统工艺振兴出谋划策。

来源：贵州省非物质文化遗产保护中心官方网站、雷山县人民政府门户网站
中传云大数据平台相关信息共计556篇

辽宁省开展"百年百艺 · 薪火相传"庆祝建党一百周年辽宁省非物质文化遗产进校园进社区公益惠民活动

活动现场

4月20日，由辽宁省文化和旅游厅主办的"百年百艺·薪火相传"庆祝建党一百周年辽宁省非物质文化遗产进校园进社区公益惠民活动走进辽宁大学附属实验学校。顾氏皮影、吴氏木偶等11项省、市级非遗代表性项目的十余位传承人到现场展示展演。此次非遗进校园活动以庆祝中国共产党成立100周年为契机，使非遗与学校教育有机融合，进一步激发学生热爱优秀传统文化、爱党爱国爱家乡的真挚情感，提高学生参与保护非物质文化遗产的自觉意识，使中华优秀传统文化得到传承和弘扬。

来源：辽宁省文化和旅游厅政府门户网站
中传云大数据平台相关信息共计58篇

四川省召开四川省级文化生态保护区建设推进会暨2021年全省非遗工作电视电话会

4月21日，四川省级文化生态保护区建设推进会暨2021年全省非遗工作电视电话会召开。会议总结了"十三五"时期非遗保护工作，研究了"十四五"时期四川非遗保护工作面临的形势和发展思路，部署了2021年重

电视电话会现场

点工作，并就推进省级文化生态保护区建设做了全面安排。会议现场向嘉绒文化、河曲马草原文化、康巴文化（甘孜）、龙文化（泸县）、阆中文化、白马文化首批6个省级文化生态保护实验区授牌。会议还就天府旅游美食推选推广、2021年"文化和自然遗产日"四川非遗宣传展示活动、第八届中国成都国际非遗节等2021年度非遗保护重点工作进行了安排部署。

来源：四川省文化和旅游厅政府门户网站
中传云大数据平台相关信息共计29篇

云南省2021年度非物质文化遗产保护工作培训暨"非遗＋旅游"现场交流活动举办

4月21日至24日，云南省2021年度非物质文化遗产保护工作培训暨"非遗＋旅游"现场交流活动在大理举办。培训活动总结了近一年

的非遗工作，安排部署了2021年非遗重点工作，传达学习了相关文件精神，开展了州市非遗工作交流讨论，并为第六批省级非遗代表性传承人的代表进行了授牌。

交流活动现场

来源：云南网、云南非物质文化遗产保护网
中传云大数据平台相关信息共计2285篇

山西省举办晋北耍孩儿非遗传承人群培训班

　　4月24日，由山西省文化和旅游厅主办、山西艺术职业学院承办的"2020年度中国非物质文化遗产传承人群研修研习研培计划 —— 晋北耍孩儿非遗传承人群培训班"顺利结业，并在太原市华夏剧场举行结业汇报演出。培训班从2020年12月开班，先后在太原和大同两地分阶段进行，以强基础、拓眼界、增学养为目标，聘请十余位国内戏曲界著名专家和艺术名家授课，内容包括中国传统戏曲理论知识、山西戏曲文化和声腔训练等，系统排导了耍孩儿经典传统折子戏《扇坟》《送妹》和原创扶贫小戏《黄花黄》、戏歌《塞北情韵》等剧（节）目。培训班的课程全面提升了耍孩儿从业人员的表演理论水平和业务素质能力，使耍孩儿这一古老剧种适应新时代的发展，散发出新的艺术活力。

来源："文旅中国"客户端
中传云大数据平台相关信息共计13篇

2021年青海省非遗保护管理队伍素质能力提升培训班举办

4月24日至30日，由中央文化和旅游管理干部学院、青海省文化和旅游厅共同主办的2021年青海省非遗保护管理队伍素质能力提升培训班在北京举办。来自青海各市州、县（市、区）文化和旅游局的非遗保护管理骨干50人参加培训。培训期间，来自文化和旅游部非物质文化遗产司、中央民族大学、中央文化和旅游管理干部学院、中国旅游研究院、中国民族博物馆、中国艺术研究院等单位的专家、教授围绕"中国非遗保护20年"、当代非遗的保护与实践、现代科技助力非遗宣传推广、文化自信和非遗保护与文旅融合等主题进行了专题教学。学员们还前往永新华韵非遗体验中心和恭王府博物馆进行了现场教学活动。学员们围绕新时代非遗保护工作面临的新挑战、新机遇、新格局进行了充分的研讨交流。

培训班全体人员合影

来源："青海文旅"微信公众号
中传云大数据平台相关信息共计40篇

"献礼建党百年"主题非遗成果展在山西省图书馆举行

4月25日，由山西省图书馆与娄烦县文化和旅游局联合举办的"让艺术改变乡村　用非遗圆梦小康　接续助力乡村振兴"——"献礼建党百年"主题非遗成果展在山西省图书馆展出。此次展览是娄烦县为庆祝中国共

展览现场，娄烦县新闻中心供图

产党成立100周年，向党献礼的一次文化展示活动。展览设立了剪纸、木版画、刺绣、特产四个展区，共有1074件（幅）作品参展，通过展品、图片、影像、互动体验等多种方式，讲述娄烦县"非遗＋扶贫"的故事，多角度、全方位地展示了娄烦县在脱贫攻坚中的创新做法和圆梦小康中的丰硕成果，集中展现了娄烦县"非遗＋文化"扶贫的新成效、新成就。

来源："中新网"客户端、《山西青年报》　太原市娄烦县人民政府门户网站
中传云大数据平台相关信息共计33篇

广东省开展"非遗少年说"第二届广东非物质文化遗产青少年演讲展示活动

4月26日，由广东省文化和旅游厅、广东省教育厅等部门指导，广东省振兴传统工艺工作站等部门主办的"非遗少年说"第二届广东非物质文

化遗产青少年演讲展示活动启动。该活动是2021年度广东省"非遗进校园"系列活动重点项目之一，以"粤讲粤威水·非遗故事大王就是我"为主题，面向全省小学一年级至初中三年级的学生，鼓励"非遗小达人"以多种形式，讲述广东非遗"威水史"，展示各中小学校"非遗进校园"最新成果。本届活动由"线上初赛 + 线下决赛"两部分组成。初赛以短视频"云海选"方式在"南方 +"客户端进行作品征集；线下决赛前三名选手获得"非遗故事大王"称号。优秀作品在"南方 +"客户端"非遗少年说"活动页面集中展播，并同步在抖音、微信、微博等平台传播。

来源：广东省文化和旅游厅政府门户网站
中传云大数据平台相关信息共计933篇

《宁夏回族自治区非遗与旅游融合发展项目资金管理暂行办法》出台

4月27日，宁夏回族自治区文化和旅游厅、宁夏回族自治区财政厅根据《宁夏回族自治区全域旅游示范区推进专项资金管理办法》等规定，制定并发布了《宁夏回族自治区非遗与旅游融合发展项目资金管理暂行办法》。《暂行办法》共分五章十八条，明确规定非遗与旅游融合发展项目补贴标准为："4A级旅游景区及乡村旅游示范点非遗展示体验销售场馆建设项目，每个最高补助100万元；城市和乡村重要旅游节点、旅游线路内非遗工坊旅游服务配套设施建设项目，每个最高补助20万元。"

来源：宁夏回族自治区文化和旅游厅政府门户网站
中传云大数据平台相关信息共计346篇

上海古镇保护利用联谊会成立

4月28日，上海市文化和旅游局在朱家角镇召开上海市古镇文旅业态提升推进会。上海市副市长陈通出席推进会并讲话。推进会上，由枫泾镇、朱家角镇、嘉定镇、新场镇、张堰镇、练塘镇、南翔镇、高桥镇、金泽镇、川沙新镇、罗店镇、泗泾镇、浦江镇、七宝镇、庄行镇和相关社会组织、高校、研究机构、文化和旅游企业、媒体、专家等组成的上海古镇保护利用联谊会正式成立。联谊会旨在通过建立古镇与相关社会组织共同探讨、共商发展交流合作机制，提升上海古镇影响力和美誉度，拟定期开展古镇非遗灯彩会、古镇旅游节、古镇非遗美食节、古镇非遗购物节、古镇艺术节、古镇摄影节、古镇直播日等主题活动，共同打造古镇品牌。

来源：东方网
中传云大数据平台相关信息共计164篇

浙江省召开省级非遗曲艺书场试点工作会议

4月28日，浙江省在杭州召开省级非遗曲艺书场试点工作会议。为推动曲艺类非物质文化遗产传承发展，浙江省文化和旅游厅于2020年启动省级非遗曲艺书场试点设立工作，从全省45家非遗曲艺书场中，遴选推荐10家非遗曲艺书场作为试点，并拟定了《浙江省试点开展非遗曲艺书场设立工作方案》。浙江省文化和旅游厅非遗处传达了文化和旅游部非物质文化遗产司关于非遗曲艺书场设立的相关要求，并介绍了浙江省试点开展非遗曲艺书场设立的工作方案。各非遗曲艺书场试点负责人依次汇报了目前的工作开展情况，从经营性质、演出场所、演出频次、演员结构、观众组成、运营团队等方面展开了讨论。

会议现场

来源:《杭州日报》
中传云大数据平台相关信息共计31篇

第六届重庆文化旅游惠民消费季（春夏）——全市非遗大集活动举办

4月29日至5月2日，由重庆市文化和旅游发展委员会、重庆市巴南区人民政府共同主办的第六届重庆文化旅游惠民消费季（春夏）——全市非遗大集活动在巴南区举办。大集活动结合巴南区南温泉公园特有景区环境，由主舞台区、非遗集市组成，把非遗项

启动仪式现场

目展演、文旅推介平台、特色商品展销等贯穿其中，充分展示了具有非遗特色的城市地域风情。梁平竹帘、重庆面塑等120余家具有代表性的非遗企业为市民及游客带来了丰富的非遗产品展示展销，全面展示了重庆市非遗的魅力。

来源：新华网
中传云大数据平台相关信息共计72篇

河北省编印《跟着非遗去旅游 —— 北京冬奥会张家口非物质文化遗产旅游手册》

4月30日，"河北非物质文化遗产"微信公号公布，《跟着非遗去旅游——北京冬奥会张家口非物质文化遗产旅游手册》（以下简称《手册》）印制成书。《手册》围绕"冬奥"主题，收录北京市相关文旅、体育资源，形成了一套相对完整的北京冬奥文化旅游体育线路指南。《手册》分为冬奥篇、长城篇、生态篇、村落篇、美食篇5个篇章，收录了张家口和北京地区的100多个非遗项目，涵盖了传统表演、节庆民俗、传统手艺、风味美食、传统医药等类

《跟着非遗去旅游——北京冬奥会张家口非物质文化遗产旅游手册》封面

别，设计了"冬奥冰雪之旅""高铁休闲之旅""草原天路之旅""塞外长城之旅""寻根问祖之旅""万里茶道之旅""古堡民俗之旅"7条旅游线路。

来源：新华网、"河北非物质文化遗产"微信公众号
中传云大数据平台相关信息共计106篇

海南省非遗助力乡村振兴展销活动在海口举办

4月30日至5月1日，海南省非遗助力乡村振兴展销活动在海口市日月广场举办，本次活动由海南省旅游和文化广电体育厅主办，各市县旅游和文化广电体育局承办。本次活动通过线上线下相结合的方式进行非遗展销和展演，帮助非遗传

活动现场的非遗项目表演

承人和相关企业拓展销售渠道，促进社会消费，满足人民群众追求个性化、多样化的文化旅游产品需求。活动以"产品推介＋产品展销"为主要形式，募集全省代表性非遗产品。此次活动分为地方非遗项目表演、非遗产品推介、展销平台搭建三部分内容，共吸引了45家相关企业参展，展品多达2000余件，5万余人现场观展。主办方还在活动期间进行网络直播，邀请网络红人对海南非遗产品进行线上宣传，共有32260人通过直播参与此次活动。

来源：人民网、"新海南"客户端
中传云大数据平台相关信息共计183篇

5
月

2021年非遗传播高级研修班在青岛举办

5月10日，由文化和旅游部非物质文化遗产司主办的"2021年非遗传播高级研修班"在山东青岛即墨区开班。本次研修班为期3天，以专题讲座、影像教学、案例分享和实地考察的形式开展。文化和旅游部非物质文化遗产司相关负责人和专家分

开班仪式现场

别围绕《保护非物质文化遗产公约》及我国申遗工作、非遗传播研究、传统工艺的历史等专题进行讲解。中国非物质文化遗产博览会等近年来备受关注的非遗活动和传播项目的相关负责人，以案例分享的形式与学员进行交流研讨。

来源：新华网
中传云大数据平台相关信息共计53篇

第二届中国丹寨非遗周在贵州丹寨举办

5月15日至23日，由文化和旅游部非物质文化遗产司、资源开发司指导，中国非物质文化遗产保护协会主办，贵州省文化和旅游厅、黔东南苗族侗族自治州政府、中国旅游协会、中国旅行社协会、中国旅游景区协会联合主办的第二届中国丹寨非遗周在贵州丹寨万达小镇举办。全国政协文化文史和学习委员会副主任雒树刚，文化和旅游部党组成员、中国非物质文化遗产

保护协会会长王晓峰，国家中医药管理局副局长孙达，贵州省副省长谭炯等出席开幕式。来自全国各地的非遗项目代表性传承人、文化和旅游行业顶级专家、学者等300多位嘉宾会聚一堂共议非遗与旅游融合发展、助力乡村振兴的大计。非遗周期间，举办了

第二届中国丹寨非遗周开幕式现场

包括第二届中国非遗与旅游融合发展论坛、首届少数民族医药非物质文化遗产论坛、贵州非遗展、"锦绣黔东南"——黔东南民族文化生态保护实验区非遗工坊成果展、中国十大非遗绝技秀、多彩贵州非遗周末聚等在内的多项活动，为广大群众奉献了一场喜闻乐见的非遗盛会，为广大非遗人、旅游人搭建了一个实现分享的展台、融合发展的平台、学术交流的舞台。闭幕式上，主办方发布了最佳非遗自驾游线路，吸引更多自驾游爱好者前来体验非遗自驾之旅，带动丹寨乃至黔东南的非遗旅游融合发展，助力贵州乡村振兴。

来源：中国新闻网、《中国文化报》
中传云大数据平台相关信息共计 2221 篇

国家级文化生态保护区建设经验交流活动在湖南湘西举办

　　5月19日至20日，文化和旅游部非物质文化遗产司在湖南省湘西土家族苗族自治州举办国家级文化生态保护区建设经验交流活动。文化和旅游部党组成员王晓峰出席并讲话。交流会上，王晓峰为闽南文化生态保护区等

通过验收的7个国家级文化生态保护区和新设立的河洛文化生态保护实验区、景德镇陶瓷文化生态保护实验区授牌。来自以上9个生态保护区的代表就近年来建设工作的成绩经验及存在问题和建议作了交流发言。此前，文化和旅游部发布通知，组织开展2021年度国家级文

国家级文化生态保护区建设经验交流活动现场

化生态保护实验区建设成果验收工作，验收对象为截至2021年4月30日总体规划已实施3年以上符合验收条件的国家级文化生态保护实验区。

来源：中华人民共和国文化和旅游部政府门户网站、《中国文化报》
中传云大数据平台相关信息共计704篇

国务院公布第五批国家级非物质文化遗产代表性项目名录

　　5月24日，国务院批准并公布文化和旅游部确定的第五批国家级非物质文化遗产代表性项目名录和国家级非物质文化遗产代表性项目名录扩展项目名录。国务院要求各地区、各部门以习近平新时代中国特色社会主义思想为指导，按照《中华人民共和国非物质文化遗产法》和《国务院办公厅关于加强我国非物质文化遗产保护工作的意见》要求，坚持以社会主义核心价值观为引领，贯彻"保护为主、抢救第一、合理利用、传承发展"的工作方针，扎实做好非物质文化遗产代表性项目的保护、传承工作，切实提升非物质文化遗产系统性保护水平，为实现中华民族伟大复兴的中国梦提供强大精神力量。

此次国务院共公布项目325项，涉及465个申报地区或单位。其中，第五批国家级非遗代表性项目名录185项，对前四批国家级非遗代表性项目名录中的140项进行了扩展。一批体现中华民族优秀传统文化，具有重大历史、文学、艺术、科学价值的非遗项目列入了名录予以保护，主要有以下几个特点：

一是关注少数民族非遗项目。满族新城戏、蒙古族皮艺、藏棋、维吾尔族曲棍球、彝族传统建筑营造技艺、壮族天琴艺术、布依族武术、瑶族祝著节、朝鲜族百种节等一批少数民族非遗项目列入名录。其中，包括了塔塔尔族传统糕点制作技艺、赫哲族嫁令阔、独龙族民歌、门巴族萨玛民歌等人口较少民族的项目。

二是兼顾区域协调发展。14个目前尚无国家级非遗代表性项目的地级市（含直辖市区、县）推荐申报的18个项目列入名录，如辽宁省葫芦岛市的辽西太平鼓，宁夏回族自治区中卫市的黄羊钱鞭、中卫古建筑彩绘和中宁蒿子面制作技艺，重庆市奉节区的奉节木雕等。

三是关注香港、澳门特别行政区。香港特别行政区申报的香港中式长衫制作技艺、香港天后诞，澳门特别行政区申报的土生土语话剧、土生葡人美食烹饪技艺和澳门土地信俗5个项目全部列入名录。

四是积极服务国家战略。96个原国家级贫困县的103个项目，如图什业图刺绣、松桃苗绣等项目列入名录，沙县小吃制作技艺、柳州螺蛳粉制作技艺等一批服务民生、惠及百姓的非遗项目列入名录。

五是重视濒危项目的保护。桓仁盘炕技艺、宁河戏、霞尔巴贡等具有重要价值、亟待保护的项目列入名录。

截至目前，国家级非遗代表性项目共有1557项，包括民间文学类167项，传统音乐类189项，传统舞蹈类144项，传统戏剧类171项，曲艺类145项，传统体育、游艺与杂技类109项，传统美术类139项，传统技艺类

287项，传统医药类23项，民俗类183项，共涉及3610个申报地区或单位。

来源：中国政府网、中华人民共和国国务院新闻办公室政府门户网站
中传云大数据平台相关信息共计11931篇

文化和旅游部印发《"十四五"非物质文化遗产保护规划》

5月25日，文化和旅游部发布《"十四五"非物质文化遗产保护规划》（以下简称《规划》）。《规划》明确了"十四五"非物质文化遗产保护的总体要求、主要任务和保障措施，系统部署"十四五"时期非遗保护工作。《规划》以习近平新时代中国特色社会主义思想为指导，把牢牢把握正确方向、坚持以人民为中心、坚持系统性保护、坚持依法科学保护、坚持守正创新作为基本原则，贯彻"保护为主、抢救第一、合理利用、传承发展"的工作方针，提出了到2025年的发展目标和2035年的远景目标。《规划》明确了加强非遗调查、记录和研究，加强非遗项目保护，加强非遗传承人认定和管理，加强非遗区域性整体保护，加大非遗传播普及力度和服务社会经济发展6个方面主要任务，并通过8个专栏对传统工艺高质量发展、文化生态保护区建设工程等重点工作进行了部署。《规划》从加强组织领导、完善政策法规体系、强化机构队伍建设、加强经费保障4个方面保障各项措施的落实，推动形成有利于非遗保护传承的体制机制和社会环境。

来源：中华人民共和国文化和旅游部政府门户网站
中传云大数据平台相关信息共计7485篇

"贝阙天工　万物更新 —— 辽宁省非物质文化遗产大连贝雕精品展"在文化和旅游部恭王府博物馆举办

5月7日至24日，由文化和旅游部恭王府博物馆、辽宁省文化和旅游厅主办的"贝阙天工　万物更新 —— 辽宁省非物质文化遗产大连贝雕精品展"在北京恭王府博物馆举办。本次展览以"贝阙天工　万物更新"为主题，共分为"材美工巧""家喻户晓""万物更新"三大板块，主要选取辽宁省省级非物质文化遗产代表性项目大连贝雕代表性传承人、中国工艺美术大师金阿山的40余件代表作品，向观众展示大连贝雕的历史文化、制作技艺、工具工序。大连贝雕工艺历史悠久，经多年传承与发展，于2020年被列入辽宁省省级非物质文化遗产代表性项目名录。

来源：央广网、辽宁省文化和旅游厅政府门户网站
中传云大数据平台相关信息共计108篇

"乡村振兴　非遗先行" —— 陕西省非遗实践提升班举办

5月10日至13日，由陕西省文化和旅游厅指导，陕西省非物质文化遗产保护中心、安康市汉滨区文化和旅游广电局主办的"乡村振兴　非遗先行" —— 陕西省非遗实践提升班在安康市开班。来自全省市区县非遗

保护中心的68名负责人及基层非遗传承人参加了本次培训。培训班上，资深非遗保护专家项兆伦谈及了非遗的视频教学，凤翔泥塑国家级非遗传承人胡新明进行了专题讲座，安康市汉滨区非遗项目牛肉酱制作技艺代表性传承人汪新发、宜君剪纸代表性传承人田亚莉、临渭草编代表性传承人陈春苗等12名传承人进行了经验交流。此外，学员们还对安康优秀非遗项目牛肉酱制作技艺和泸康酒酿造技艺进行了实地考察。

来源："陕西省文化馆"微信公众号
中传云大数据平台相关信息共计64篇

辽宁省举办2021年度中国非遗传承人群研修研习培训计划 —— 满族刺绣传承人群培训班

5月11日至6月9日，由辽宁省文化和旅游厅主办的2021年度中国非遗传承人群研修研习培训计划 —— 满族刺绣传承人群培训班在沈阳举行。全省40位满族刺绣非遗传承人参加培训。此次培训旨在帮助传承人群提高满族刺绣工艺的设计、制作及衍生品开发水平，促进传统工艺走进现代生活，包括系列理论课、技能实操训练、小组创作三部分。系列理论课主要为满族历史文化、民间刺绣针法与配色、北方刺绣历史渊源、艺术品知识产权保护等课程；技能实操训练传授了编绣、堆绫、扎染、法式刺绣、百代丽工艺、抽纱、雕绣、丝带绣工艺、手提包成品制作技艺。

来源：辽宁省文化和旅游厅政府门户网站
中传云大数据平台相关信息共计84篇

第五届鄂湘赣皖非物质文化遗产联展举办

5月12日至18日，由湖北、湖南、江西、安徽四省文化和旅游厅联合主办，四省非物质文化遗产保护中心承办的第五届鄂湘赣皖非物质文化遗产联展在湖北美术馆举办。本次联展主题为"融合·发展·共享"，通过展览、云上直播、百名儿童画非遗、百名

第五届鄂湘赣皖非物质文化遗产联展开幕仪式现场。瞿祥涛摄

小主播现场非遗大直播等线上线下相结合的形式展开，汇集了来自鄂湘赣皖四省52个非遗代表性项目和1000余件非遗展品。100余名非遗传承人在现场进行了技艺展示。展览打造的"新中式生活场景特展"，将湖北的漆艺生活、湖南的木雕、江西的客家服饰和安徽的文房四宝等非遗项目融入生活场景，为观众带来沉浸式非遗体验。联展上，首次推介非遗研学旅游线路，其中湖北精选了武当山、襄阳、恩施、宜昌、荆州5条非遗研学旅游线路，与湖南的桑植民歌非遗研学实践、江西的非遗旅游地图、安徽的宣纸宣笔非遗研学之旅，共同奏响文旅融合交响曲。非遗市集精选了84个非遗项目，展销品类约400余种近万件，吸引了16万多观众观展，实现销售总额32.4万元。

来源：中国新闻网
中传云大数据平台相关信息共计379篇

湖南省推出10条非遗主题（研学）旅游线路

5月12日，在第五届鄂湘赣皖非物质文化遗产联展开幕式上，湖南省文化和旅游厅发布了"梅山神韵·非遗寻踪之旅""楚南福地·非遗祈福之旅""人文始祖·非遗寻根之旅""五彩茶瓷·非遗品鉴之旅""锦绣潇湘·非遗匠心之旅""伟人故里·非遗红色之旅""湘风新韵·非遗体验之旅"等10条非遗主题（研学）旅游线路。湖南非遗主题（研学）旅游线路以非遗传承点、传习所、体验区、体验基地为载体，将湖南非遗元素与旅游线路融合，共覆盖14个市（州）100个县（市区），串联156个传承传习点，涉及367个非遗项目。

来源：《湖南日报》
中传云大数据平台相关信息共计856篇

辽宁省开展百年百艺·薪火相传——庆祝建党一百周年辽宁省非物质文化遗产进社区公益惠民活动

5月13日，由辽宁省文化和旅游厅主办的百年百艺·薪火相传——庆祝建党一百周年辽宁省非物质文化遗产进社区公益惠民活动走进阜蒙县民富社区，让百姓零距离感受传统文化的魅力。活动围绕建党百年主题，选取内容丰富、形式多样的非物质文化遗产项目进行展示展演。蒙古勒津刺绣、蒙古勒津服饰、三沟白酒传统酿造技艺等15项各级非遗项目60余名非遗传承人参与展示，阜蒙县国家级非遗名录项目乌力格尔、阜新东蒙短调民歌，省级非遗名录项目蒙古勒津好来宝、蒙古勒津服饰等非遗项目传承人进行现场展演，500余名社区居民驻足观看。活动现场还以图文并茂的展板形式展示了91项非遗项目的渊源、特色、传承情况，同时向广大群众免费发放非物质文化遗产相关宣传资料，让群众深入了解非遗。

来源：辽宁省文化和旅游厅政府门户网站
中传云大数据平台相关信息共计19篇

海南省出台《黎族传统纺染织绣技艺保护发展三年行动计划（2021—2023年）》

5月14日，海南出台《黎族传统纺染织绣技艺保护发展三年行动计划（2021—2023年）》（以下简称《行动计划》），进一步加强黎族传统纺染织绣技艺的系统性保护、创造性转化、创新性发展。《行动计划》提出，到2023年，海南"黎锦技

黎族女性在展示黎锦纺织工艺

艺保护发展水平得到显著提升，黎锦技艺得以创新提高，传承人群规模得以扩大，黎锦生产经营市场主体增加，黎锦及周边产品开发实现生活化、时尚化、国际化，成为海南自由贸易港的文化名片"。

来源：人民网、海南省人民政府门户网站
中传云大数据平台相关信息共计176篇

"丝丝相连成渝情 —— 成渝双城蜀绣名家名作联展暨成都蜀绣精品展"在成都举办

5月14日至6月14日，由成都市非物质文化遗产保护中心、重庆市非物质文化遗产保护中心等单位主办的"丝丝相连成渝情 —— 成渝双城蜀绣名家名作联展暨成都蜀绣精品展"在成都展出。

此次蜀绣联展包括"绣艺展魅力""针线忆韶华""匠心通画意"三大板块，集结了成都、重庆两地蜀绣名家的蜀绣珍品，以及原成都市蜀绣厂出品的精品。此外，"成渝地区蜀绣传承人对话会"上，成渝两地蜀绣传承人和从业者代表针对"成渝双城如何建立蜀绣合作机制"议题进行交流互动，并现场签署《成渝蜀绣合作备忘录》。展览期间，还举办了10场蜀绣体验课程，邀请广大市民通过聆听蜀绣传承人的现场授课，学习蜀绣基础针法、创意设计等知识，亲身体验蜀绣的独特魅力。

展览现场

来源：人民网、"红星新闻"客户端
中传云大数据平台相关信息共计264篇

2021年非遗进景区 ——安徽省传统戏剧扶持项目汇演比赛暨中国（宿州）大运河非遗美食展举办

5月17日至18日，由安徽省文化和旅游厅、宿州市人民政府主办的2021年非遗进景区 ——安徽省传统戏剧扶持项目汇演比赛暨中国（宿州）大运河非遗美食展在宿州举办。活动先后进行了徽剧、黄梅戏、庐剧等非遗戏曲展演，举办了中国（宿州）大运河非遗美食展和"品美食·赏非遗·游宿州"旅游推介会，为市民和游客提供可听、可视、可闻、可品的文化大餐。

启动仪式现场

来源：安徽省文化和旅游厅政府门户网站、宿州市文化和旅游局政府门户网站
中传云大数据平台相关信息共计132篇

人民的非遗　人民共享 ——2021年重庆市第十二届"文化遗产月"非遗进校园系列活动举办

5月19日至21日，由重庆市文化和旅游发展委员会指导，重庆市非物质文化遗产保护中心、重庆市非物质文化遗产保护协会，沙坪坝区、九龙坡

区、南岸区文化旅游委和教委共同主办的人民的非遗 人民共享——2021年重庆市第十二届"文化遗产月"非遗进校园系列活动举办。活动期间，梁平木版年画、重庆剪纸、古船模型传统制作技艺等10余个非遗代表性项目及20余名传承人走进

竹雕技艺传承人现场指导学生进行雕刻

沙坪坝区森林实验小学、九龙坡区铁马小学等7所学校，让广大师生更深入、更直观地了解非遗项目的历史渊源与制作工艺，增强非遗传承活力。

来源："新重庆"客户端
中传云大数据平台相关信息共计78篇

"'津'彩非遗"亮相第五届世界智能大会

　　5月20日至23日，由天津市人民政府与国家发展和改革委员会、科学技术部、工业和信息化部、国家广播电视总局、国家互联网信息办公室、中国科学院、中国工程院、中国科学技术协会共同主办的第五届世界智能大会在天津梅江会展中心举办。大会上，天津市非物质文化遗产保护中心推出线上线下融合展览，线下非遗展示区以"'津'彩非遗"为主题，在《潞河督运图》和杨柳青木版年画《十美放风筝》背景下，选取了以茶道、花道、木版水印技艺、面塑技艺、天津工艺毛猴为代表的天津非物质文化遗产项目，为嘉宾呈现中国人民的工巧智慧和中华文化的博大精深；线上以

"传统文化的智能"为主题，录制传统技艺、传统美术等天津非遗代表性项目的微视频，突出展现材料、工具、艺术品等的创造性转化成果。

来源："天津非遗中心"微信公众号
中传云大数据平台相关信息共计43篇

江苏省开展2021年"文化和自然遗产日"非遗系列活动

5月28日，2021年"文化和自然遗产日"江苏省非遗系列活动暨第四届中国（淮安）大运河城市非遗展在淮安里运河畔举办。开幕式现场，揭晓了江苏省首批25个"无限定空间非遗进景区试点项目"名单，并举行《大运河的故事》丛书首发

启动仪式现场

式和"里运河之夏"——红色经典戏剧展演活动。活动期间，来自大运河沿线城市的非遗项目进行展示展演展销，发动非遗代表性传承人、非遗专家学者及网红等策划直播带货，让更多非遗保护成果惠及更多群众。

来源：中华人民共和国文化和旅游部政府门户网站、中国新闻网、《淮安日报》
中传云大数据平台相关信息共计5450篇

黄河流域非物质文化遗产调查工作培训班在郑州举办

5月28日，由中国非物质文化遗产保护中心和河南省文化和旅游厅主办，河南省非物质文化遗产保护中心承办的黄河流域非物质文化遗产调查工作培训班在郑州市举办。黄河流经9省（区）文化和旅游厅非遗处和河

培训现场

南省非遗保护中心相关负责同志以及非遗领域的专家学者等共60余人参加培训。此次培训旨在进一步强化沿线省份对调查工作的思想认识，明确工作目标、调查程序，提高工作效率。中国艺术研究院副院长、中国非遗保护中心主任王福州在"非遗保护与黄河文化公园建设"的专题讲座中，围绕调查工作的系统性、链条性、层次性三个方面进行了重点讲解。

来源：中国非物质文化遗产网、甘肃省文化和旅游厅政府门户网站
中传云大数据平台相关信息共计14篇

江西省举办"2021江西非遗购物节"活动

5月28日至30日，由江西省文化和旅游厅、中共江西省委网络安全和信息化委员会办公室主办的"百艺庆百年——江西省非物质文化遗产

展"，专门设置了"非遗购物节"展厅，展示展销了江西特色非遗及文创精品，现场销售额达20余万元。"文化和自然遗产日"前后，江西省文化和旅游厅与商务厅积极组织11个设区市以"线上＋线下"形式开展了"2021年江西非

"2021江西非遗购物节"现场表演

遗购物节"，活动期间上线的非遗店铺168家，非遗产品1582余件，涉及非遗项目保护单位138家，非遗工坊65家59个，老字号企业25家，传承人383人，受众人数约39.16万人，线上销售额497.42万元，线下销售额295.88万元。

来源：新华网、江西省文化和旅游厅政府门户网站
中传云大数据平台相关信息共计806篇

宁夏回族自治区举办"非遗进万家·文旅展风采——2021年宁夏非遗讲解大赛"

5月28日，由宁夏回族自治区文化和旅游厅主办的"非遗进万家·文旅展风采——2021年宁夏非遗讲解大赛"在石嘴山市举办。大赛以推介宁夏非遗经典、打造宁夏非遗特色品牌、增强宁夏非遗传播力和影响力为目的，通过评选推出一批会说、能讲、善推非遗的金牌讲解员，将非遗保护、传承与弘扬融入全域旅游和乡村振兴中，创新应用"非遗＋旅游""非遗＋扶贫""非遗＋文创"等模式，将非遗保护成果不断惠及全区人民。此次决

赛共有59人进入决赛，其中非遗传承传播组28人、院校组13人、导游讲解组18人，讲解内容基本涉及非遗10大类的60多个非遗项目。

来源：新华网·宁夏频道
中传云大数据平台相关信息共计54篇

西藏拉萨举办"庆祝中国共产党成立100周年、西藏和平解放70周年暨2021年'藏戏演出季'"活动

5月29日，由西藏自治区文化厅指导，拉萨市人民政府主办的"庆祝中国共产党成立100周年、西藏和平解放70周年暨2021年'藏戏演出季'"活动举办。本次"藏戏演出季"共有8场演出，来自拉萨、日喀则的8支优秀民间藏戏队、240余名民间藏戏艺人轮番呈现《朗萨雯蚌》《甲萨帕萨》《卓娃桑姆》等传统藏戏经典剧目，以丰富多样的传统剧目献礼党的百年华诞和西藏和平解放70周年。依托"藏戏演出季"活动开展的"拉萨非遗成果展"展销活动，选调拉萨市非遗代表性项目和传承人参与，共展销37场，产品销量达67万余元。"藏戏演出季"活动作为一项普及拉萨非遗活态传承的文化惠民工程，自2018年启动以来，已成功举办三届。

来源：中国西藏新闻网
中传云大数据平台相关信息共计17篇

6月

《中华人民共和国乡村振兴促进法》强调保护农业非物质文化遗产

6月1日，《中华人民共和国乡村振兴促进法》正式施行。第四章"文化繁荣"第三十二条明确提出，"各级人民政府应当采取措施保护农业文化遗产和非物质文化遗产，挖掘优秀农业文化深厚内涵，弘扬红色文化，传承和发展优秀传统文化"。

来源：中国政府网
中传云大数据平台相关信息共计1855篇

非遗中的红色资源寻访活动启动暨革命故事、红色歌谣新书发布仪式在赣州举办

6月6日，非遗中的红色资源寻访活动启动暨革命故事、红色歌谣新书发布仪式在江西赣州举办。全国政协文化文史和学习委员会副主任雒树刚，文化和旅游部党组成员、中国非物质文化遗产保护协会会长王晓峰出席活动。活动现场，文化和旅游部民族民间文艺发展中心发布《革命故事——〈中国民间故事集成〉选编》《红色歌谣——〈中国歌谣集成〉选编》新书。中国非物

非遗中的红色资源寻访活动授旗仪式现场

质文化遗产保护协会向各省（区、市）非物质文化遗产保护协会发出"开展非遗中的红色资源寻访活动"的倡议。文化和旅游部党组成员、中国非物质文化遗产保护协会会长王晓峰向部分省（市）文化和旅游厅（局）、江西省部分县（市、区）代表赠送《革命故事——〈中国民间故事集成〉选编》《红色歌谣——〈中国歌谣集成〉选编》新书，并向上海、浙江、福建、安徽、江西、湖北、湖南等率先启动"开展非遗中的红色资源寻访活动"的省（市）非遗保护协会授旗。

来源：江西省文化和旅游厅政府门户网站
中传云大数据平台相关信息共计193篇

文化和旅游部开展"文化和自然遗产日"非遗宣传展示活动

6月12日是2021年"文化和自然遗产日"。为了更好地传承弘扬中华优秀传统文化，营造非遗保护的良好社会氛围，文化和旅游部在"文化和自然遗产日"前后以"人民的非遗 人民共享"为主题，以"非遗惠万家 关系你我他""保护人民非遗 共享美好生活"为口号，举办了百年百艺·薪火相传——中国传统工艺邀请展、《中华人民共和国非物质文化遗产法》颁布实施十周年座谈会、非遗购物节、云游非遗·影像展、非遗中的红色资源寻访活动暨革命故事、红色歌谣新书发布仪式等重点活动。

2021年"文化和自然遗产日"云游非遗·影像展、非遗购物节启动仪式海报

6月12日至7月11日，由文化和旅游部和上海市人民政府共同主办的百年百艺·薪火相传——中国传统工艺邀请展在上海举办。邀请展采用1个主会场+5个分会场模式，以传统工艺门类为单元，设金属加工、陶瓷烧制、纺染织绣等主题展览，展出了来自全国31个省（区、市）和新疆生产建设兵团1200余位非遗传承人创作的精品1500余件（套），涵盖了百年来具有代表性、技艺高超、反映不同时期建设成就的传统工艺精品，集中展示了当代传统工艺振兴发展成果，发挥了满足新时代人民群众对美好生活向往、提升生活品质的积极作用。邀请展还在国家公共文化云、文化上海云平台开通云上展，包括展品图文及视频介绍、VR看展、直播探馆、非遗市集等精彩内容。此外，"邀请展"期间，还举办了"传统工艺高质量发展座谈会"，推出传统工艺服饰走秀、传统工艺讲座、互动体验等活动。

　　6月1日，全国人大教科文卫委员会、文化和旅游部在中国国家博物馆共同举办《中华人民共和国非物质文化遗产法》（以下简称《非遗法》）颁布实施十周年座谈会，深入学习贯彻习近平法治思想，总结法律实施经验，继续推进《非遗法》深入实施。此前，文化和旅游部非物质文化遗产司组织开展了《非遗法》贯彻落实情况调研，了解相关省份贯彻落实《非遗法》情况。

　　在文化和旅游部、商务部、国家乡村振兴局有关司局的支持下，阿里巴巴、京东、拼多多、唯品会、抖音、中国手艺网等平台举办了"非遗购物节"。购物节广泛发动全国各地非遗传承人、项目保护单位、中华老字号、非遗扶贫就业工坊以及相关企业参加。各电商平台依托本平台非遗资源，重点围绕脱贫地区非遗相关店铺、产品开展了网络销售活动，实现了较好的社会效益和经济效益。此外，各地在符合本地区疫情防控要求的前提下，依托当地特色非遗资源，利用 A 级旅游景区、历史文化街区开展了线下销售活动，让人民群众在非遗购物体验中共同参与非遗保护、共享非遗保护成果。

6月8日至14日，由文化和旅游部主办，中国演出行业协会联合腾讯视频、爱奇艺、优酷、抖音、快手、哔哩哔哩、酷狗、微博8家网络平台共同承办的云游非遗·影像展举办。活动期间，各平台均开设视频专区，以"人民的非遗　人民共享 —— 共赏多彩非遗"为主题，对各类非遗影像资源进行公益性展播，在挖掘日常生活中的非遗内容的同时，倡导人们关注非遗、"共享非遗"，让非遗保护成果惠益人民群众。

6月6日，非遗中的红色资源寻访活动启动暨革命故事、红色歌谣新书发布仪式在江西省赣州市举办。仪式现场发布了文化和旅游部民族民间文艺发展中心编纂的《革命故事 ——〈中国民间故事集成〉选编》和《红色歌谣 ——〈中国歌谣集成〉选编》。为广泛挖掘非物质文化遗产当中的红色文化，促进人民群众广泛参与非遗保护传承，中国非遗保护协会倡议各省（区、市）非遗保护协会开展本省（区、市）红色非遗资源寻访活动，上海、浙江、福建、安徽、江西、广东、湖南、湖北8省（市）非遗保护协会先后开展了寻访活动，新发现多项红色非遗资源。

此外，"文化和自然遗产日"系列活动还包括非遗讲座月、第十四届良辰美景·恭王府非遗演出季等活动。各省（区、市）也组织开展了各具特色、内容丰富的非遗宣传展示活动，营造了浓厚的非遗保护社会氛围。据统计，全国各省（区、市）举办的非遗宣传展示活动达4100多项。

来源：中国政府网、中华人民共和国文化和旅游部政府门户网站、新华网、光明网等
中传云大数据平台相关信息共计6475篇

第十四届"良辰美景·恭王府非遗演出季"在北京举办

6月10日至16日，由文化和旅游部非物质文化遗产司指导，恭王府博物馆、中国昆剧古琴研究会、江苏省昆山市委宣传部共同主办的第十四届"良辰美景·恭王府非遗演出季"在北京举办。演出活动通过线上线下结合的方式为广大公众

演出现场

提供为期七天的昆曲古琴视听盛宴，北方昆曲剧院、昆山当代昆剧院、昆山"小昆班"等精彩亮相，为观众带来《西厢记》《牡丹亭·游园惊梦》《雷峰塔·断桥》《杨家将·挡马·喜迁莺》《宝剑记·夜奔·折桂令》《花木兰·折桂令》等经典作品，展现了昆曲艺术二十年来的发展成果。国家级非物质文化遗产项目古琴艺术代表性传承人吴钊、李祥霆、丁承运、赵家珍、林晨，琴家李凤云、巫娜、杨春薇、黄梅以及箫演奏家王建欣、瑟演奏家付丽娜等名家同台演出，带来《暗香》《关山月》《猿鹤双清》《墨子悲丝》《广陵散》《神人畅》等经典琴曲演奏。

来源：中国非物质文化遗产网、文化和旅游部恭王府博物馆官方网站
中传云大数据平台相关信息共计1081篇

百年百艺·薪火相传 —— 中国传统工艺邀请展在上海举办

6月12日，由文化和旅游部、上海市人民政府共同主办的百年百艺·薪火相传——中国传统工艺邀请展在上海宝山国际民间艺术博览馆拉开帷幕，文化和旅游部党组成员王晓峰、上海市副市长陈通出席

百年百艺·薪火相传——中国传统工艺邀请展现场

开幕式。本次邀请展是2021年"文化和自然遗产日"的主要活动之一，在上海市共设1个主场馆和5个分场馆，展出来自全国31个省（区、市）和新疆生产建设兵团1200余位非遗代表性传承人创作的1500余件（套）作品，其中，既有展示建党百年来不同历史时期的传统工艺精品，又有展示当代传统工艺传承人创作的思想精深、艺术精湛、制作精良、代表时代艺术高度的作品，还有展示满足人民群众对美好生活的向往以及在脱贫攻坚、乡村振兴等重大国家战略中发挥积极作用的作品。同时，本次展览相关展品在国家公共文化云、文化上海云、哔哩哔哩等网络平台同步展出。

来源：文化和旅游部政府门户网站、新华网、中国非物质文化遗产网
中传云大数据平台相关信息共计1394篇

传统工艺高质量发展座谈活动在上海举办

6月12日，传统工艺高质量发展座谈活动在上海市举办。会议总结"十三五"传统工艺振兴的经验做法，探讨推动传统工艺高质量发展的思路和举措。文化和旅游部党组成员王晓峰出席活动并讲话，非遗传承人、专家学者、有关院校和地方文化和旅游部门负责同志参加活动，相关代表进行了交流发言。会议提出，"十四五"期间，全国非遗战线的同志们要坚持以习近平新时代中国特色社会主义思想为指导，全面贯彻落实习近平总书记关于非物质文化遗产保护的重要指示，落实党中央关于"加强各民族优秀传统手工艺保护和传承"的任务部署，着眼满足人民群众精神文化生活新期待，推动传统工艺实现高质量发展和非物质文化遗产系统性保护，不断开创非物质文化遗产保护传承工作新局面。

传统工艺高质量发展座谈活动现场

来源："文旅中国"客户端、中国非物质文化遗产网
中传云大数据平台相关信息共计176篇

"根与魂 —— 宁夏回族自治区非物质文化遗产线上展演活动"举办

6月15日，由文化和旅游部、香港特别行政区政府民政事务局主办的"根与魂 —— 宁夏回族自治区非物质文化遗产线上展演活动"启动。活动

以"黄河传情韵、非遗筑梦想"为主题，通过视频展播、专题讲座、互动体验等形式，邀请宁夏八宝茶、贺兰砚的非遗代表性项目传承人和艺术名家进行专题讲座，采用"线上教学、线下体验"的形式，邀请100名香港市民亲身体验麻编制作，向观众生动展示了宁夏丰富的非遗资源和非遗保护成果，增强香港民众对中华优秀传统文化的了解和认同，加强内地与香港的文化交流合作。

活动宣传海报

来源：中华人民共和国文化和旅游部政府门户网站、"文旅中国"客户端
中传云大数据平台相关信息共计59篇

文化和旅游部开展2021年度国家级文化生态保护区申报工作

6月23日，为落实《中华人民共和国国民经济和社会发展第十四个五年规划和2035年远景目标纲要》要求，加强非物质文化遗产区域性整体保护，根据《国家级文化生态保护区管理办法》，文化和旅游部决定开展2021年度国家级文化生态保护区申报工作。申报国家级文化生态保护区应本着少而精的原则，区域范围为县、地市或若干县域，原则上不跨地市，每个省（区、市）申报数量不超过1个。

来源：中华人民共和国文化和旅游部政府门户网站、中国非物质文化遗产网
中传云大数据平台相关信息共计1751篇

"圣火熊熊·翠竹生生"建党100周年井冈圣火传递活动暨"文旅中国·百城百艺"首站活动在井冈山举行

6月26日，由中国文化传媒集团、江西省井冈山市人民政府主办，中国手艺网承办的"圣火熊熊·翠竹生生"建党100周年井冈圣火传递活动暨"文旅中国·百城百艺"首站活动在茅坪革命旧址八角楼举行。文化和旅游部党组成员、中国非物质文化遗产保护协会会长王晓峰参加启动仪式并致辞。现场专门设置有"非遗长廊"，井冈翠绿茶制作技艺、井冈山草鞋编织技艺、井冈山竹编技艺、竹叶青酒泡制技艺等非遗项目悉数亮相。"文旅中国·百城百艺"系列活动基于传播视角，借助新媒体、新技术和新传播系统，归纳和展示城市与非遗项目的关系，加强城市IP价值挖掘，促进当地非遗与城市的协同创新和品牌化发展。

活动启动仪式现场

来源："文旅中国"客户端、《中国青年报》、井冈山市人民政府门户网站
中传云大数据平台相关信息共计86篇

浙江省省级文化传承生态保护区创建工作会商活动在杭州举办

6月1日至2日，为加快推进浙江省文化传承生态保护区建设，浙江省省级文化传承生态保护区创建工作会商活动在杭州举办。本次会商活动重点部署了文化传承生态区中传统工艺工作站的建设工作。创建地区和相关

会商活动现场

高校、研究机构开展了面对面的对接。会上，各创建地区结合本地特色资源和优势提出传统工艺工作站建站设想，各高校和研究机构介绍了各自的专业力量和建站优势，双方开展了深入交流。相关部门负责人、17个省级文化传承生态保护区创建地创建工作负责人，以及中国农业科学院茶叶研究所等12家高校和研究机构专家参加会商活动。

来源："浙江非遗"微信公众号
中传云大数据平台相关信息共计48篇

广州市非物质文化遗产传承基地（2021—2023年）名单公布

6月2日，广州市公布非物质文化遗产传承基地（2021—2023年）名单，共100家单位入选。传承基地包括学校、博物馆、旅游单位、行业协

会、文化公司等各类单位，涉及粤剧、岭南古琴艺术、广绣、广彩、咏春拳、洪拳、广东音乐、粤语讲古等50余项非遗代表性项目，涵盖了非遗名录全部十大门类。此举旨在加强广州市非物质文化遗产保护工作传承载体的建设，拓展社会各界参与非物质文化遗产保护的渠道。

来源：《广州日报》、广州市文化广电旅游局政府门户网站
中传云大数据平台相关信息共计2214篇

"2021年陕西省第四届非遗传承人绝活才艺展示活动"举办

6月3日，由陕西省文化和旅游厅指导，陕西省文化馆、陕西省非遗保护中心、榆林市文化和旅游局主办的"2021年陕西省第四届非遗传承人绝活才艺展示活动"在榆林市举办。"2021年陕西省第四届非遗传承人绝活才艺展示活动"是陕西省文化馆着力打造的特色非遗品牌活动。为了让人民群众更好地了解非遗知识，感受非遗绝活，共同营造人人参与非遗保护、人人共享非遗成果的良好社会氛围，主办方精心组织来自14个展示展演单位、有地域特色的代表性非遗项目等共120余人参加演出，通过传承人的集中展示和现场表演，呈现出陕西省非遗的多样性和独特性。活动吸引前来参观和参与互动的群众超2000人次，影响广泛。

来源：《三秦都市报》
中传云大数据平台相关信息共计159篇

湖南省开展"文化和自然遗产日"非遗宣传展示活动

6月3日，由湖南省文化和旅游厅、衡阳市人民政府主办的2021年文化和自然遗产日湖南省非遗宣传展示活动暨衡阳市非遗保护成果展在衡阳市启动。启动仪式上，主办方为衡阳湘剧国家级代表性传承人谭东波等人颁发"衡阳市非遗传承终身贡献奖"荣誉奖牌，湖南各市州结成湖南非遗保护联盟，共同打造湖南省非遗购物节品牌。"文化和自然遗产日"期间，湖南省还以"人民的非遗 人民共享"为主题，举办了2021年湖南省非遗知识竞赛、湖南省第二届非遗购物节、衡阳市非遗保护成果图文展及剪纸展和衡阳传统戏剧、曲艺进社区展演等一系列活动，宣传展示了湖南省丰富的非遗资源和近年来非遗保护的工作成果。

来源："新湖南"客户端、"华声在线"官方账号
中传云大数据平台相关信息共计856篇

重庆市开展"文化和自然遗产日"非遗宣传展示活动

6月4日至6日，由重庆市文化和旅游发展委员会主办的2021年"文化和自然遗产日"重庆主场活动非遗购物节 ——第六届重庆非物质文化遗产暨老字号博览会举办。本届非遗博览会以"人民的非遗 人民共享"为主题，组织165家非遗工坊、企业，通过阿里巴巴、京东、拼多多等电

商平台和"惠游重庆"重庆好礼
商城举办"非遗购物节"线上专
场活动。线下会场有200余个非
遗项目、老字号企业参展，集中
展示并销售重庆特色非遗产品
2000余种。活动期间，还举办
了阿坝州2021年"文化和自然遗

活动现场

产日"重庆黔江专场活动、《中华人民共和国非物质文化遗产法》颁布实施
十周年暨重庆非遗保护传承成果展、渝东南文化生态保护实验区专场展演
等活动，全面宣传展示了重庆市非遗保护成果。

来源：新华网、中华人民共和国国务院新闻办公室政府门户网站
中传云大数据平台相关信息共计6118篇

2021宁夏黄河流域非遗作品创意大赛暨"两晒一促"优品大赛在银川举办

　　6月4日至6日，由宁夏回族自治区文化和旅游厅、银川市人民政府主
办的2021宁夏黄河流域非遗作品创意大赛暨"两晒一促"优品大赛在银川
举办。以庆祝中国共产党建党100周年、"非遗进万家　文旅展风采"为主
题，宁夏共推荐70个非遗项目129名传承人参加作品创意大赛，22个县（区）
全部参加"两晒一促"优品大赛，共有22位选手带来35项产品参加评比。大
赛营造出宁夏非遗比技艺、比原创、比设计、比产品的良好竞争氛围，以
原创作品展览、现场作品制作的方式面向公众开放，同时，配合非遗类文

启动仪式现场

非遗传承人现场展示作品、表演技艺

艺节目表演和"线上线下"宣传推介并利用网络平台开展"非遗购物节"活动。获奖作品还走进银川河东国际机场、银川火车站、学校、景区等进行巡展。为更好地宣传推广此次活动，让广大老百姓现场体验非遗技艺的魅力，主办方现场提供了近500份非遗传承人的原创作品，可免费领取。

来源：宁夏回族自治区文化和旅游厅政府门户网站
中传云大数据平台相关信息共计169篇

河北"非遗购物节"暨第九届廊坊特色文化博览会举办

6月5日至7日，由河北省文化和旅游厅主办的河北"非遗购物节"暨第九届廊坊特色文化博览会在廊坊举办。此次"非遗购物节"设置了启动仪式、非遗美食展销、非遗工

活动现场

艺产品展销、"通武廊"非遗精品展、非遗大讲堂、非遗展演、线上观展直播带货、红色文化收藏展8个板块。活动期间，老字号美食、传统刺绣、陶瓷用品、土布纺织品等6000多种与百姓生活息息相关、绿色环保的非遗产品集中亮相。

来源:《河北日报》
中传云大数据平台相关信息共计559篇

浙江省开展"文化和自然遗产日"非遗宣传展示活动

6月5日，由浙江省文化和旅游厅、浙江省文物局、嘉兴市人民政府主办的2021年"文化和自然遗产日"浙江省主场城市（嘉善）系列活动开幕式暨"唱支歌儿给党听"非遗民歌主题展演在浙江省嘉兴市嘉善县西塘景区举行。浙江省通过

2021年"文化和自然遗产日"浙江省主场城市（嘉善）系列活动开幕式暨"唱支歌儿给党听"非遗民歌主题展演现场

"云上非遗"赋能，借助非遗网、非遗网络学院、微信公众号、抖音号、视频号等"数字非遗"工程成果，探索建立非遗数字化一站式体验，从活动前传播预告到活动现场线上线下互动吸引了近千万人次参加。仅开幕当天，观看直播人数就达326.5万。"文化和自然遗产日"期间，浙江还组织了数百项线上线下文化遗产保护宣传推介活动，重点宣传展示全省贯彻落实《中华人民共和国非物质文化遗产法》所取得的成效和经验。"非遗购物

节·浙江消费季"浙江非遗商品推介平台于5月25日上线，线下展销同步开启，通过全省联动，为传承人与大众文化消费搭建平台，对全省401家非遗商户、822个非遗商品信息进行了集中推介，共同助力非遗经济发展。

来源:《人民日报》"新华社"客户端、浙江省文物局政府门户网站等
中传云大数据平台相关信息共计7229篇

青海省召开《中华人民共和国非物质文化遗产法》颁布实施10周年座谈会

6月7日，青海省组织召开《中华人民共和国非物质文化遗产法》（以下简称《非遗法》）颁布实施10周年座谈会。座谈会回顾总结《非遗法》颁布实施10年来青海省非遗工作取得的成效和经验，

座谈会现场

分析差距与不足，并就做好当前和今后一个时期内《非遗法》的贯彻实施，推动全省非遗保护工作高质量发展作出安排部署。会议从进一步增强《非遗法》贯彻实施重要性的认识、进一步增强做好《非遗法》贯彻实施的责任感、大力推进非遗法治建设三个方面就进一步做好《非遗法》贯彻实施提出了明确要求。

来源：中国非物质文化遗产网、青海省文化和旅游厅政府门户网站
中传云大数据平台相关信息共计32篇

黑龙江省举办中国非遗传承人群研修研习计划——东北二人转研修班

6月8日，由黑龙江省文化和旅游厅举办的中国非遗传承人群研修研习计划——东北二人转研修班在哈尔滨市收官。来自黑龙江省大庆市、绥化市、哈尔滨市的20名学员参加

结业式现场，黑龙江艺术职业学院供图

了历时30天的研修学习。研修班采取集中授课、案例教学、现场教学辅导、实践剧目创编、外出学习交流等多种形式进行，在教学实践上从唱腔、形体、技巧、剧目排练等二人转的各个方面进行讲解。

来源："文旅中国"客户端
中传云大数据平台相关信息共计118篇

宁夏回族自治区举办非遗进万家·文旅展风采——宁夏黄河流域非遗美食大赛

6月9日至14日，由宁夏回族自治区文化和旅游厅、吴忠市人民政府主办的非遗进万家·文旅展风采——宁夏黄河流域非遗美食大赛在吴忠市举办。宁夏回族自治区五个地级市共推荐45个非遗项目55名传承人参

加比赛。大赛采取线上线下同步的方式进行，线上通过照片视频宣传展示近百种非遗美食，线下非遗传承人现场展示传统美食技法，让全区人民感受一场非遗美食文化盛宴，体现出"人民的非遗　人民共享"的理念。

非遗传承人现场制作非遗美食

来源：宁夏回族自治区文化和旅游厅政府门户网站
中传云大数据平台相关信息共计202篇

天津市开展"文化和自然遗产日"非遗宣传展示活动

6月10日至12日，由天津市文化和旅游局与西青区人民政府联合主办的2021年文化和自然遗产日天津非遗主场活动在西青区杨柳青古镇举办。宣传展示活动紧紧围绕"人民的非遗　人民共享"主题，以"运河记忆·红色传承"为主线，举办了"运河记忆·红色传承"非遗主题展览、《中华人民共和国非物质文化遗产法》十周年成果展示、文旅融合的生动实践三大板块活动，充分体现"红色主题、运河风范、天津特色、杨柳青韵味"。"文化和自然遗产日"期间，天津市还举办了第二届"天津非遗购物节"，各区文化和旅游局也策划了丰富多彩的非遗宣传展示活动。

来源：新华网、中国非物质文化遗产网
中传云大数据平台相关信息共计5686篇

内蒙古自治区开展"文化和自然遗产日"非遗宣传展示活动

　　6月10日，内蒙古自治区文化和旅游厅以"人民的非遗　人民共享"为主题，组织全区文旅系统相继开展具有本地特色的2021文化和自然遗产日内蒙古自治区非遗宣传展示活动。阿尔山市开展为期4天的"文化和自然遗产日"非遗宣传展示活动；鄂尔多斯市文化和旅游局开展了非遗进校园、进社区活动；阿拉善博物馆开展了"承继非遗·乐享传统"展演活动，现场讲解、展示阿拉善非物质文化遗产保护项目，同时还开展"指尖上的艺术——彩绘瓷器/民族服装"DIY体验活动；乌海市开展非遗传承人技艺现场展示、非遗和文物法律、条例的专题宣传活动；锡林郭勒盟文体旅游广电局（文物局）举办"百年百艺·薪火相传"铸牢中华民族共同体意识——主题非遗作品展；锡林浩特市文体旅游广电局（文物局）开展非遗展览、非遗技艺展示等活动。

2021文化和自然遗产日内蒙古
自治区非遗宣传展示活动现场

来源：内蒙古自治区文化和旅游厅政府门户网站
中传云大数据平台相关信息共计1654篇

上海市举办第九届国际（上海）非物质文化遗产保护论坛

6月10日，由上海艺术品博物馆、上海工艺美术职业学院、上海市非物质文化遗产保护中心联合举办的第九届国际（上海）非物质文化遗产保护论坛开幕。论坛上来自中国、日本、奥地利、挪威、阿根廷、埃及、匈牙利、哥伦比亚等十余个国家的专家学者，对非遗保护的社会分工与角色进行了广泛深入的探讨，还分别就"关于筹建历史文化记忆博物馆的构思""说'纸'：保存在纸莎草纸上的埃及古代文化""阿根廷联合国非物质文化遗产：探戈、菲勒特彩绘与恰马梅研究""哥伦比亚在非遗实践中的保护与创新""地毯图案中的波斯和中国元素"等多个议题进行分享。

来源：东方网
中传云大数据平台相关信息共计458篇

上海市举办第十一届国际传统艺术邀请展

6月10日，由上海市长宁区人民政府和上海市创意产业协会主办的第十一届国际传统艺术邀请展在上海艺术品博物馆开幕。展览以"艺由心生"为主题，与第九届国际（上海）非物质文化遗产

邀请展宣传海报

保护论坛配套举办，共吸引来自中国、日本、韩国、波兰、美国、法国、加拿大、伊朗、韩国、奥地利等24个国家的150位知名艺术家、国家级工艺美术大师、非遗传承人等的240余件作品参展。展览采用"沉浸式"的空间展陈方式，将雕塑、陶瓷、漆器、玻璃、锡器、首饰、刺绣、染织、装置、绘画等多种传统艺术形式，渗透入一个个生活空间，完成一次艺术与生活完美融合的场景再现。国内展出部分汇集了一批中国工艺美术大师、国家级非物质文化遗产传承人及艺术新锐的作品参展，地域涉及上海、江苏、河南、广东、福建、云南等众多省市，涵盖雕刻、瓷器、漆艺、刺绣、水晶等艺术门类。

来源：《解放日报》"上海长宁"微信公众号
中传云大数据平台相关信息共计496篇

安徽省开展"文化和自然遗产日"非遗宣传展示活动

　　6月10日，2021"文化和自然遗产日"安徽省主场活动启动仪式在宣城市泾县云岭新四军史料陈列馆广场举办。活动以"文物映耀　百年征程""人民的非遗　人民共享"为主题，现场发布了安徽省十佳文物活化利用优秀案例，颁发了第五届全省博物馆陈列展览精品奖，展演展示了包括宣纸和宣笔制作技艺、皖南皮影戏、泾县花砖制作技艺、明德折扇制作技艺、宜兴龙窑烧制技艺、徽墨制作技艺、徽州三雕等在内的独具地方文化特色的30多项非遗项目。安徽省各地文化和旅游系统围绕活动主题，还举办了包括革命文物寻访节目、主题展览、文艺会演、专题研讨交流会、"文物知识进校园"等100多项内容丰富、形式多样的活动，引导公众参与，凝聚文化遗产保护利用传承的社会共识。

来源：安徽省文化和旅游厅政府门户网站、宣城市人民政府门户网站
中传云大数据平台相关信息共计2630篇

湖北省开展"文化和自然遗产日"非遗宣传展示活动

6月10日，2021年"文化和自然遗产日"非遗宣传展示活动暨"荆楚非遗购物节"主会场活动在湖北襄阳唐城举行。主会场活动主要分为非遗游演、开幕式、非遗节目展演、展示展销四个部分。近40项湖北省代表性非遗项目、80余件非遗

活动现场

产品、百余家店铺进行了集中展示、展销。此外，湖北省各市州还分别组织开展了"宜昌市2021年全国文化和自然遗产日宣传展示暨端午习俗体验活动""跟着非遗游京山"线上线下直播活动、"人民的非遗　人民共享"庆祝建党100周年团风县"红色文艺轻骑兵"非遗进社区展演等200余项非遗宣传展示活动，进一步提高了社会各界自觉保护传承非遗的意识。

来源：湖北非物质文化遗产网
中传云大数据平台相关信息共计3535篇

青海省开展"文化和自然遗产日"系列活动

6月10日，2021"文化和自然遗产日"暨"非遗购物节"青海主会场系列活动在西宁启动。活动紧扣"人民的非遗　人民共享"主题，聚焦文化遗产百年保护成果，通过举办"百年百艺·匠心传承"青海传统工艺精品展、百名绣娘绣党旗等43项丰富多彩的系列宣传展示展演活动，集中展示了青海省文化遗产保护传承利用成果。启动仪式上，青海省发布了"非遗进校园"十大优秀实践案例和青海省非遗旅游融合十大优秀实践案例，并为第三批省级青绣扶贫就业工坊授牌。"文化和自然遗产日"期间，举办的"百年百艺·匠心传承"青海传统工艺精品展，共分为青绣、绘画书法、雕刻塑造、纺染制造、生活用品、民族服饰、传统饮食等八大类，精心筛选100项国家级、省级非遗项目的500件（套）优秀传统工艺作品进行展示。在百名绣娘绣党旗活动中，来自青海省各地的百名青绣绣娘齐聚西宁市中心广场，一针一线绣出最闪耀的党旗，献礼建党百年。此外，海西蒙古族藏族自治州、海南藏族自治州、大通回族土族自治县、民和回族土族自治县、互助土族自治县等地，还举办了非遗项目展演展示、"花儿"歌手大赛、藏族拉伊非遗情歌大赛、传统技艺展等展览展示活动，全面展示了非遗保护成果，惠及更多百姓。

2021文化和自然遗产日暨"非遗购物节"青海主会场系列活动启动仪式现场

来源：《西海都市报》、"青海文旅"微信公众号
中传云大数据平台相关信息共计1117篇

"百绣百年颂党恩"首届川渝非遗绣活大赛在四川广元举办

6月10日，由四川省文化和旅游厅、重庆市文化和旅游发展委员会和广元市人民政府共同主办的"百绣百年颂党恩"首届川渝非遗绣活大赛在四川广元举行。四川、重庆两地29个市州（县区）共选送92位非遗传承人、169幅作品参赛，涵盖了蜀绣、

"百绣百年颂党恩" 首届川渝非遗绣活大赛现场

藏绣、羌绣、彝绣、苗绣和麻柳刺绣等传统技艺类非遗项目，展示了两地传统工艺振兴成果，对川渝同根同源非遗项目的保护传承创新发展起到推动作用。

来源：四川新闻网
中传云大数据平台相关信息共计560篇

甘肃省开展"文化和自然遗产日"非遗宣传展示活动

6月10日至12日，由甘肃省文化和旅游厅组织举办的2021年"文化和自然遗产日"甘肃省非遗宣传展示活动在兰州举办。活动通过"如意甘

肃·多彩非遗"优秀非遗项目展演、"向建党百年献礼"甘肃省非遗保护工作成果展，全面展示近年来甘肃全省文化和旅游系统加强非遗保护、传承、弘扬和传播的累累硕果。在"非遗购物节"线下活动中，近40类约

2021 年"文化和自然遗产日"甘肃省非遗宣传展示活动现场

1500件非遗文创产品展销；同时开展的"云购非遗——非遗购物节线上直播带货活动"，将传统与现代完美结合，让甘肃非遗产品走上云端，助力乡村振兴工作取得实效。

来源：中国甘肃网
中传云大数据平台相关信息共计4723篇

北京市开展"文化和自然遗产日"非遗宣传展示活动

6月11日，由北京市文化和旅游局、北京市东城区人民政府主办的"北京非遗 致敬百年"2021年北京市文化和自然遗产日宣传展示活动启动。文化和旅游部党组成员、中国非物质文化遗产保护协会会长王晓峰等

"北京非遗 致敬百年" 2021 年北京市文化和自然遗产日宣传展示活动现场展演

领导出席启动仪式。围绕"人民的非遗　人民共享"主题,"文化和自然遗产日"前夕至端午节期间,北京全市以线上线下相结合的方式集中开展包括北京非遗购物节、非遗专题作品展、非遗市集、"逛京城　游京郊"红色旅游、(讲好)非遗红色故事等一系列形式多样、内容丰富的非遗宣传展示活动。

来源: 新华网、中国非物质文化遗产网
中传云大数据平台相关信息共计12306篇

吉林省开展"文化和自然遗产日"非遗宣传展示活动

6月11日,由吉林省文化和旅游厅、松原市人民政府主办的2021年"文化和自然遗产日"吉林省主场城市系列活动在松原启动。活动现场展演了朝鲜族舞蹈、满族歌曲、满族舞蹈、乌力格尔等吉林省代表性非遗项目;非遗大集以展销、展演、技艺展示、美食品尝等方式搭建吉林省非遗产品及衍生品线上销售平台。"文化和自然遗产日"期间,吉林省还举办了"云上非遗,全民共享"数字非遗展示活动、"传承文化根脉　汇聚发展动力"宣传活动、"红色故事月"线上宣传活动、吉林省非物质文化遗产保护成果图片展等宣传展示活动,营造了浓厚热烈的文化遗产保护氛围。

吉林省2021年文化和自然遗产日期间
展示展销的非遗

来源: 中国非物质文化遗产网、《松原日报》
中传云大数据平台相关信息共计2311篇

河南省文化和旅游厅召开《中华人民共和国非物质文化遗产法》颁布实施十周年座谈会

6月11日，河南省文化和旅游厅在焦作召开《中华人民共和国非物质文化遗产法》（以下简称《非遗法》）颁布实施十周年座谈会。会上，河南省文化和旅游厅有关同志介绍了《非遗法》颁布实施十年来，河南非遗保护、传承、创新等取得的成绩以及当前正在开展的重点工作；展示推介了非遗保护传承最新成果之一——"老家河南黄河之礼"微信小程序。目前，河南省文化和旅游厅正抓紧编制河南省沿黄区域非物质文化遗产保护传承弘扬专项规划，同时，持续推进黄河流域非物质文化遗产保护展示中心、二十四节气展示馆等综合性展示场馆建设，全面加强沿黄区域非遗保护，讲好新时代非遗故事。

来源：《河南日报》
中传云大数据平台相关信息共计78篇

"畅享非遗 —— 2021年河南省文化和自然遗产日非遗展示活动暨2021年河南省非遗购物节"举办

6月11日，由河南省文化和旅游厅主办的"畅享非遗 —— 2021年河南省文化和自然遗产日非遗展示活动暨2021年河南省非遗购物节"在焦作市云台山风景名胜区开幕。非遗购物节展示展销了包括猴加官、糖画、朱仙镇木版年画等15个非遗项目，莫家酱菜培制技艺—莫家酱菜园、鲁山花瓷烧制技艺—鲁山花瓷非遗工坊、鲁山绸织作技艺—鲁山绸非遗工坊等11个非遗就业工坊带来的各种非遗技艺和精品，展现了近年来河南省的非遗保护工作最新成果，进一步推动非遗更好融入现代生活。

来源：中国非物质文化遗产网、河南省文化和旅游手机报
中传云大数据平台相关信息共计1097篇

河南省举办"黄河非遗点亮老家河南"首届全国大学生乡村振兴创意大赛

6月11日，由河南省文化和旅游厅联合中国城市科学研究会、河南省教育厅、浙江省教育厅、浙江省文化和旅游厅共同主办的"黄河非遗点亮老家河南"首届全国大学生乡村振兴创意大赛在焦

启动仪式现场为大学生代表授旗

作启动。大赛采用"乡村出题＋高校答卷＋成果落地"的闭环模型，以"创意，让乡村更美好"为宗旨，设置"黄河之礼"非遗空间赋能赛道和"黄河之礼"非遗文创设计赛道，分调研选村、策划命题、方案设计、建设实施、验收评奖、运营跟踪6个阶段进行。这次大赛共有500余所高校、1万余名学生参赛，在河南的12个乡村、景区和古城有近200个项目落地。

来源：河南省人民政府门户网站、河南省文化和旅游厅政府门户网站
中传云大数据平台相关信息共计732篇

福建省开展"文化和自然遗产日"非遗宣传展示活动

6月11日，由福建省文化和旅游厅、福建省政协文化文史和学习委员会、福州市政协主办的2021年"文化和自然遗产日"福建非遗宣传展示系列活动在福建省非遗博览苑启动。启动仪式现场，主办方为第五批福建省省级

活动现场展品，蔡丽洁摄

非物质文化遗产代表性传承人颁发证书、授牌。活动期间，围绕"人民的非遗 人民共享"主题，福建共举办"风展红旗——庆祝建党100周年非遗红色文化主题展"、福建非遗购物节活动、"雪域之光——中国唐卡漆画创新实践成果展"等系列活动，展现了福建省非遗保护工作成果。

来源：人民网、福建省人民政府门户网站
中传云大数据平台相关信息共计6718篇

宁夏回族自治区公布第六批自治区级非物质文化遗产代表性项目名录

6月11日，经宁夏回族自治区人民政府批准，宁夏回族自治区文化和

旅游厅确定的第六批自治区级非物质文化遗产代表性项目名录正式公布。第六批自治区级非物质文化遗产代表性项目共计60项。其中民间文学1项，传统音乐2项，传统戏剧1项，传统体育、游艺与杂技3项，传统美术10项，传统技艺31项，传统医药12项。在传统技艺中，固原泾源的九碗十三花制作技艺和银川永宁的手鞠球制作技艺入选。同时公布的22项自治区级非物质文化遗产代表性项目名录扩展项目名录，包括传统音乐1项，传统戏剧3项，传统美术6项，传统技艺11项，民俗1项。在传统音乐中，银川市西夏区、金凤区泥哇呜入选。

来源：宁夏广播电视台官方网站
中传云大数据平台相关信息共计54篇

山东省开展"文化和自然遗产日"非遗宣传展示活动

6月12日，山东省2021年"文化和自然遗产日"主场城市活动暨"红色文化主题月"在泰安市启动。主会场举办了非遗展演展示展销活动，全省共有308家线上店铺和1006家线下店铺参加，其中，非遗工坊344家，涉及非遗产品共4772种，涵盖685个非遗项目。活动现场宣布了2020年度山东省非遗保护十大亮点工作和山东

山东省2021年"文化和自然遗产日"主场城市活动暨"红色文化主题月"启动仪式现场

非遗年度人物名单、设立展板宣传展示近年来非遗保护传承的重要成果。"文化和自然遗产日"期间，主场城市和全省各地，开展了"8个100庆祝建党百年"等系列活动，活动总数达600余项，"红色文化主题月"活动400余项。

来源：大众网、"海报新闻"客户端
中传云大数据平台相关信息共计5108篇

辽宁省开展"文化和自然遗产日"宣传展示活动

6月12日至16日，由辽宁省文化和旅游厅、辽宁省文化演艺集团共同主办的2021文化和自然遗产日辽宁省非物质文化遗产宣传展示系列活动举行。活动围绕"人民的非遗　人民共享""文物映耀百年征程"的主题，采取线上直播、线下展示、同步录播相结合的方式，推出辽宁非遗购物节、辽宁非遗影像展、辽宁省非物质文化遗产保护成果图片展暨《中华人民共和国非物质文化遗产法》颁布十周年线上宣传、"珍瓷剪影——传统手艺的时空对话"创意展、"我们的节日·端午节"主题体验实践 / 传统文化大讲堂以及辽宁世界文化遗产推介六大板块内容，全面展示辽宁在文化遗产保护方面取得的丰硕成果。活动期间网易、快手、微博、微信公众号等平台共举办12场直播，线上线下累计观看量315万人次。此外，辽宁省各市还分别组织了丰富多彩的"文化和自然遗产日"展示展演活动。

来源：中国新闻网、人民网、《辽宁日报》
中传云大数据平台相关信息共计2405篇

黑龙江省开展"文化和自然遗产日"非遗宣传展示活动

6月12日，由黑龙江省文化和旅游厅、中共黑龙江省委史志研究室、哈尔滨市文化广电和旅游局共同主办的"黑龙江2021年'文化和自然遗产日'暨庆建党百年百米百图党史剪纸展"在哈尔滨举行。百米剪纸画展共分为"新民主主义革命时期""社会主义革命和建设时期""改革开放和社会主义现代化建设新时期""习近平新时代中国特色社会主义思想"四个篇章，以恢宏壮观的气势和异彩纷呈的画卷，表达了广大剪纸传承人和爱好者对中国共产党的深切祝福和无限崇敬热爱。活动当天，还进行了龙江非遗人献礼建党100周年《同心向党 爱我中华——少数民族歌舞秀》文艺专场演出，赫哲族、达斡尔族、鄂伦春族、朝鲜族等6个少数民族12项少数民族非遗歌舞类项目精彩亮相，让观众体验到非遗的多彩艺术魅力。"文化和自然遗产日"期间，黑龙江各地还开展了以"人民的非遗 人民共享"为主题的展示展演活动、《中华人民共和国非物质文化遗产法》颁布实施十周年"知识普及和"非遗购物节"直播等系列活动，营造了共同参与保护传承中华优秀传统文化的浓厚氛围。

黑龙江非遗项目参与东三省非遗交流展演活动现场

来源：黑龙江省文化和旅游厅政府门户网站
中传云大数据平台相关信息共计365篇

杭州市发布首批"乐享非遗悠游杭州"非遗主题旅游线路

6月12日，杭州市文化广电旅游局发布首批10条"乐享非遗悠游杭州"非遗主题旅游线路。首批推出的杭州非遗主题旅游线路包括"寻迹宋韵，遇见非遗"南宋有约传承之旅、"穿越京杭，天工造物"大运河非遗博学体验之旅、

杭州市发布首批非遗主题旅游线路

漫享龙坞茶园之旅、华彩滨江一日游、钱塘潮涌·非遗与乡村之旅（南片）、"华夏文明，千年飘香"良渚文化与径山茶文化之旅、富春山居·千年纸乡游、桐庐民俗三日游、17℃建德新安江·爱在一起之旅以及非遗·西湖名人之旅。

来源：浙江省文化和旅游厅政府门户网站、杭州网
中传云大数据平台相关信息共计126篇

广东省开展"文化和自然遗产日"非遗宣传展示活动

6月12日至17日，由广东省文化和旅游厅与江门市人民政府联合主办的2021年"文化和自然遗产日"非遗宣传展示广东主会场（江门）暨新会陈皮文化周活动举办。广东主会场活动采用线上直播方式，紧紧围

绕"人民的非遗 人民共享"主题，搭建文化和旅游交流展示展销平台，精心组织开展非遗购物节、非遗少年说、陈皮品鉴大赛等一系列活动，与广大群众"云上"共度"文化和自然遗产日"。"第二届非遗购物节"以淘宝为主

2021年"文化和自然遗产日"非遗宣传展示广东主会场（江门）暨新会陈皮文化周活动启动仪式现场

平台，搭建"广东非遗购物节"专区，组织32家由全省各地精选的传统工艺、非遗美食等"粤味"非遗店铺，推介非遗产品，普及非遗知识，让非遗走进群众生活。

来源:《广州日报》 江门市文化广电旅游体育局政府门户网站
中传云大数据平台相关信息共计5906篇

广西壮族自治区开展"文化和自然遗产日"非遗宣传展示活动

6月12日，由广西壮族自治区文化和旅游厅、北海市人民政府主办的2021年"文化和自然遗产日"非遗宣传展示广西主场城市活动开幕式暨2021年广西"非遗购物节"启动仪式在北海市举

非遗宣传展示活动现场，李玉华摄

行。活动以"人民的非遗 人民共享"为主题，以线上线下相结合的方式

进行，举办了2021年广西非遗购物节直播活动、全区非遗大集市、非遗文化点踩线活动、全区非遗保护工作座谈会等活动。"文化和自然遗产日"期间，广西还广泛开展非遗法规宣传、非遗实践成果展演、非遗实践研讨交流等丰富多彩的活动，普及非遗知识、挖掘非遗内涵。

来源：央广网
中传云大数据平台相关信息共计2384篇

海南省开展"文化和自然遗产日"非遗宣传展示活动

6月12日，海南省旅游和文化广电体育厅联合各市县通过"线上线下联动""时尚传统相融""文化旅游结合"的方式在全省范围内组织开展"文化和自然遗产日"非遗宣传、展示、展销、展演、体验等系列活动

非遗宣传展示活动现场

近100场，让"人民的非遗"惠及万家。在海口片区，举办了"2021年海南非遗购物节"，搭建线上线下非遗展示交易平台，组织全省非遗传承人群、项目保护单位和非遗相关企业，精选海南非遗手工艺品及文创产品、老字号特产及乡村振兴产品，线下举办非遗潮流集市，线上邀请明星及非遗"守艺人"进行直播带货和海南非遗宣传，观看互动人数近80万，带动各渠道、各平台实现销售额超500万元。在三亚片区，举办了"2021首届三亚南山非遗节"，推出"大美黎锦"服饰秀、国内非遗精品展、第八届海南省民间技艺大展、新发展阶段的海南非遗研讨会等多项活动。此外，在五指山片区、保

亭片区和定安片区，还开展了"百年技艺　薪火传承"黎锦技艺、苗族刺绣邀请赛、跟着非遗逛海南——2021海南非遗研学发展大会等系列活动。相关活动触及人群超2000万人次。

来源：人民网、阳光海南网
中传云大数据平台相关信息共计2794篇

贵州省开展"文化和自然遗产日"暨"非遗购物节"系列活动

6月12日，由贵州省文化和旅游厅主办的贵州省2021年"文化和自然遗产日"暨"非遗购物节"活动开幕式在贵阳市花溪区举行。活动现场，《反排木鼓》《阿妹戚托》《锦鸡舞》《木叶、苗族飞歌》《侗族大歌》等节目展现

活动展演现场

了贵州多姿多彩的非遗风采。非遗购物节上，来自贵州省的70余家知名非遗工坊和非遗文创企业对4000余件非遗产品进行了展销和活态展示，吸引了大量市民和游客参观、购买。"文化和自然遗产日"期间，贵州省还开展喜迎建党百年暨《中华人民共和国非物质文化遗产法》实施10周年研讨座谈会、"2021文化和自然遗产日"暨守艺人传承大会等配套活动，让群众感受不同民族各具特色的民俗节庆，品尝非遗美食，体验非遗技艺。

来源：贵阳网、"贵州非物质文化遗产"微信公众号
中传云大数据平台相关信息共计659篇

黔东南国家级民族文化生态保护实验区举办系列非遗活动

6月至9月，黔东南国家级民族文化生态保护实验区举办了民歌比赛、非遗文创产品大赛等系列非遗活动。6月12日，黔东南民族文化生态保护实验区·黎平县第六届侗族大歌百村歌唱大赛总决赛在黎平县肇

黔东南民族文化生态保护实验区·黎平县第六届侗族大歌百村歌唱大赛总决赛现场，黎平县非遗中心供图

兴景区进行，共30支歌队参加决赛；7月6日，黔东南民族文化生态保护实验区苗族民歌百村歌唱大赛（凯里赛区）总决赛在凯里市云谷小镇举行，活动以"苗歌声声颂党恩"为主题，共78支队伍参赛；7月14日至16日，剑河县举办"六月六"民歌赛活动，三万余名群众品尝民歌盛宴，大赛分为汉语情歌组、苗族民歌（飞歌、情歌）组、侗族情歌组三个类别，吸引了黔东南苗族侗族自治州各县市众多民歌优秀歌手，共有94个组合，459名歌手参加；9月24日，主题为"非遗转化利用 助力乡村振兴"的2021年黔东南民族文化生态保护实验区非遗文创产品大赛决赛在贵州省黔东南州麻江县举行，大赛共分为织染工艺组、编扎工艺组、雕塑工艺组、锻造工艺组、绘画工艺组五类组别，共收到来自全州15县市的作品158件（套），最终决出获奖作品43件。

来源：人民网、黎平县人民政府门户网站、贵州文化网
中传云大数据平台相关信息共计559篇

四川省开展"文化和自然遗产日"非遗宣传展示活动

6月12日，2021年"文化和自然遗产日"四川省非遗宣传展示系列活动启动仪式在广元市举行。启动仪式现场，完成了以红军长征四川段路线及其重大事件为题材的100平方米巨幅刺绣作品的收针和展示，举办了"织幸福生活、绣美好未来"川渝编织刺绣非遗精品展，展出了川渝编织刺绣非遗精品和两地非遗保护工作最新成果。"文化和自然遗产日"期间，四川各地还举办了包括第二届"四川非遗购物节"、"云游四川·非遗影像展"在内的230余场线上线下相结合的非遗宣传展示活动。

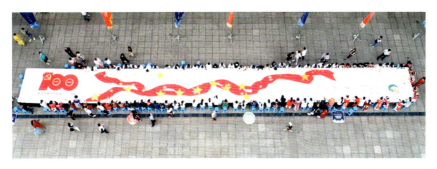

由中央美术学院设计，以红军长征四川段路线及其重大事件为题材的100平方米巨幅刺绣作品在现场完成最后的收针并展示

来源：新华网、中国非物质文化遗产网、四川在线
中传云大数据平台相关信息共计1120篇

2021年"文化和自然遗产日"暨"七彩云南·非遗购物节"主会场系列活动举办

6月12日，由云南省文化和旅游厅、玉溪市人民政府主办的云南省2021年"文化和自然遗产日"暨"七彩云南·非遗购物节"主会场系列活动在玉溪市红塔区开幕。系列活动以"人民的非遗 人民共享"为主题，组织开展"七彩云南非遗购物节"线下线上展示展销、非遗现场体验，文物展示及鉴赏、"非遗""文物文博"书画摄影优秀作品展、《中华人民共和国非物质文化遗产法》实施十周年知识竞赛及现场知识问答、非遗传统美食展、非遗进景区等活动。"文化和自然遗产日"期间，全省16个州（市）及各县（市、区）都举办了丰富多彩的活动，大力弘扬民族优秀传统文化，向建党100周年献礼。

来源:《云南日报》 云南省文化和旅游厅政府门户网站
中传云大数据平台相关信息共计321篇

昆明市组织开展"跟着大师学非遗"系列体验活动

6月12日至12月8日，昆明市文化馆、昆明市非物质文化遗产保护中心组织开展了多场"跟着大师学非遗"活动，6月12日，"跟着大师学非遗"第三季系列活动在云南昆明文庙启动，20名中小学生参观了"百年辉煌 璀璨非遗·昆明市庆祝中国共产党成立100周年非遗专题作品展"，体验和学习了编菱角、画瓢画，用自己制作的第一件非遗作品为端午节增添特别的意义。10月20日 至21日，活动走进云南省昆明市石林彝族自治

"跟着大师学非遗"体验活动现场

县巴江中学和石林鹿阜中学开展了两个专场活动，国家级非遗项目彝族（撒尼）刺绣项目传承人带领学生学习体验了非遗。12月8日，来自昆明多所中小学的20余名美术教师走进云南省市级非遗项目掐丝珐琅彩画项目市级代表性传承人邓璧玲德源文化传习馆，感受非遗魅力，动手制作了掐丝珐琅彩画。系列活动向广大青年教师和青少年学生推介传播非遗技艺和保护理念，让他们了解和喜爱非遗，更好地参与非遗保护。

来源：《昆明日报》"昆明教育"微信公众号
中传云大数据平台相关信息共计204篇

西藏自治区开展"文化和自然遗产日"非遗宣传展示活动

6月12日，由西藏自治区文化厅、教育厅主办的2021年"文化和自然遗产日"西藏非遗展演展示系列活动在西藏自治区群艺馆（西藏自治区非遗保护中心）启动。启动仪式现场举办了庆祝中国共产党成立100周年和

西藏和平解放70周年非遗歌舞专场演出，来自拉萨觉木隆藏戏队、娘热民间藏戏队、嘎尔传习基地、拉萨市城关区娘热民间艺术团、鹰笛艺术项目保护单位、格萨尔传习基地等近20名各级非遗项目代表性传承人上台展演，充分展示了西藏非遗项目保护成果。会场外，自治区文化、文物等部门通过摆放宣传展板，发放《中华人民共和国非物质文化遗产法》《西藏自治区实施〈中华人民共和国非物质文化遗产法〉办法》以及《中华人民共和国文物保护法》等相关宣传资料，向广大市民宣传和普及文化遗产保护法律法规和知识。除主场活动外，今年"文化和自然遗产日"期间，西藏自治区还陆续举办"非遗购物节""藏戏演出季""藏戏传承保护学术研讨会""线上答题活动""非遗进校园""公共交通广告宣传"等丰富多彩的活动，各地也结合实际，因地制宜开展了近100个宣传展示展销活动。

来源：新华网、西藏自治区人民政府门户网站
中传云大数据平台相关信息共计2018篇

宁夏回族自治区开展"文化和自然遗产日"非遗宣传展示活动

6月12日，2021年"文化和自然遗产日"宁夏主会场（吴忠）活动在宁夏吴忠市黄河楼旅游区开幕。活动以"人民的非遗 人民共享"和"文物映耀百年征程"为主题，在黄河楼设置主会场，在光耀美食街、黄河大峡谷、董府设置分会场，通过线上线下相结合的方式，组织开展了庆祝中国共产党成立100周年红歌联唱、"人民的非遗 人民共享"专场文艺演出、非遗项目作品展览展演、非遗购物节、非遗美食大赛、逛线上线下文旅市集·拆非遗盲

盒大赠送、《黄河谣》大型实景演出、非遗花火光影夜游、红色文献文物主题展览等20项文化旅游惠民活动。自5月开始，延续至10月底，系列活动有来自宁夏5个地级市22个县（区）的100多项非遗代表性项目、600多位非遗讲解员、1000多名非遗传承人参与，展出3000多件展品（作品），服务群众达30万人次以上。

来源：《光明日报》
中传云大数据平台相关信息共计1719篇

陕西省开展"文化和自然遗产日"系列展示活动

6月12日，由陕西省文化和旅游厅、陕西省文物局、渭南市人民政府共同主办的2021年"文化和自然遗产日"陕西省主会场活动在渭南市举行。活动围绕"文物映耀百年征程""人民的非遗 人民共享"的主题，通过"革命文物保护＋特色非遗传承"的形式，保护文化遗产，传承红色基因，共同庆祝中国共产党成立100周年。启动仪式现场，向全国首个省级高校革命文化传承联盟——陕西高校革命文化传承联盟首批成员单位和陕西列入国家重点扶持的12家非遗就业工坊进行集中授牌。同时，进行了华州老腔《渭华起义英雄汉》、红色主题陕北民歌《黄河船夫曲》、陕南红色民歌《十送红军》等非遗表演以及以渭华起义为主题的皮影、剪纸、竹编、粮食字画作品等非遗展示。"文化和自然遗产日"期间，陕西各地还举办了黄河流域九省（区）传统戏曲展演、"相约西安 筑梦全运"西安市迎十四运非遗传统体育展演活动、第二十一届中国安康汉江龙舟节主题活动、"黄河记忆"优秀非遗项目展演活动、民间剪纸展览活动等一系列非遗宣传展示活动。

来源：文汇网、"文化陕西"微信公众号
中传云大数据平台相关信息共计4849篇

新疆维吾尔自治区开展2021年"文化和自然遗产日"暨第九届"新疆非物质文化遗产周"系列活动

6月12日，由新疆维吾尔自治区文化和旅游厅、乌鲁木齐市人民政府共同举办的2021年"文化和自然遗产日"暨第九届"新疆非物质文化遗产周"主场活动在八路军驻新疆办事处纪念馆开幕。"文化和自然遗产日"期间，新疆维吾尔自治区各地围绕建党100周年举办革命文物展陈、百年党史专题图片展、"争做红色讲解员"、流动博物馆巡展、《中华人民共和国非物质文化遗产法》宣传、非遗项目展演、传统技艺活态展示、非遗进景区进社区进学校、传承人群技艺大比拼、云游非遗·影像展等300余项线上线下专题宣传活动。

来源：新疆网
中传云大数据平台相关信息共计236篇

新疆生产建设兵团开展"文化和自然遗产日"系列非遗展示活动

6月12日，新疆生产建设兵团2021年"文化和自然遗产日"主会场系列活动启动仪式在第三师图木舒克市唐王城遗址举办。活动由新疆生产建设兵团文化体育广电和旅游局主办，围绕"人民的非遗 人民共享""文物映耀百年征程"主题，在主会场举行了图木舒克土陶技艺馆开馆仪式、兵团线下非遗购物节启动仪式。图木舒克土陶技艺馆，分为土陶展览区、土陶体验区及传统土陶烧制区三部分，充分展示国家级非遗项目维吾尔族模制法土陶烧制技艺和兵团非物质文化遗产的发展历史和保护成果。兵团线下非遗购物节启动仪式现场，推介了土陶、套彩葫芦画、布绣骆驼等非遗产品。此外，在第三师图木舒克市市政广场百姓大舞台还举办了"文物映耀百年征程""文化与自然遗产日"文艺演出活动，上演了14个融入兵团精神和革命文物元素的精彩节目，为现场各族群众带来一场文化盛宴。

来源：国家文物局政府门户网站
中传云大数据平台相关信息共计1718篇

安徽省举办"第二届澳门美食之都嘉年华 —— 安徽美食文化周"活动

6月13日至19日，安徽省文化和旅游厅、澳门国际嘉年华协会在澳门举办了"第二届澳门美食之都嘉年华——安徽美食文化周"活动，展出符篱集烧鸡、大救驾、古井贡酒、太平猴魁等19种具有安徽特色的酒、茶和食品等非遗产品。多位非遗传承人与观众进行了现场互动。澳门特别行政区行政长官代表、经济财政司司长李伟农，全国政协经济委员会副主任崔世昌等领导出席。

来源：中国旅游新闻网
中传云大数据平台相关信息共计14篇

第三届藏戏传承保护学术研讨会在拉萨举办

6月14日，由西藏自治区文化厅主办、西藏自治区民族艺术研究所承办的第三届藏戏传承保护学术研讨会在拉萨举办。本届研讨会以"资源共享、共同发展"为宗旨，全面总结西藏和平解放以来，特别是藏戏成功申报联合国教科文组织人类非物质文化遗产代表作名录以来，我国藏戏传承发展和研究工作取得的巨大成绩。来自中国艺术研究院戏曲研究所、西藏自治区民族艺术研究所、中央民族大学、西藏大学等各大院校和科研单位的专家学者，交流分享了藏戏研究前沿动态和传承发展最新成果。

来源：新华网、《西藏日报》
中传云大数据平台相关信息共计158篇

清华大学举办漆器髹饰技艺研修班

　　6月15日，在北京市文化和旅游局的指导下，清华大学举办的漆器髹饰技艺研修班正式开班。来自北京、山东、河南、江苏、安徽、上海、福建等地的20余名学员通过为期30天的系统学习增强了

研修班现场

传承实践能力。本期研修班分为"提升综合文化素养""夯实漆艺基础""全面提升创意设计能力"和"结业研创及展览"四个教学板块，旨在提升传承人群综合文化素养，加强非遗技艺交流，提升创意、设计与服务能力，以更高品质的非遗作品满足人民群众对美好生活的需要，促进非遗与现代生活的融合。

来源：北京市文化和旅游局政府门户网站
中传云大数据平台相关信息共计106篇

海南五指山百名非遗传承人集体创作巨幅黎族苗族织锦拼布献礼建党100周年

　　6月15日，由百名黎族、苗族织绣非遗传承人集体创作的巨幅黎族苗族织锦拼布在五指山革命根据地纪念园徐徐展开。这幅织锦拼布作品取名《黎苗锦绣　百年梦想》，在中国共产党成立100周年之际，为党献上一份热切而真挚的祝福。《黎苗锦绣　百年梦想》拼布作品织绣出了百名非

物质文化遗产传承人对百年奋斗精神的传承，织绣出了10余万名五指山人民对百年初心的坚守，织绣出了海南1000多万名儿女对中国共产党百年华诞的深情祝福。

由百名黎族、苗族织绣非遗传承人集体创作的巨幅黎族苗族织锦拼布

来源：央广网、《工人日报》
中传云大数据平台相关信息共计135篇

《山东省省级非物质文化遗产代表性传承人认定与管理办法》出台

6月17日，根据《中华人民共和国非物质文化遗产法》《国家级非物质文化遗产代表性传承人认定与管理办法》和《山东省非物质文化遗产条例》等法律法规和规章，山东省文化和旅游厅组织制定并发布了《山东省省级非物质文化遗产代表性传承人认定与管理办法》（以下简称《办法》）。《办法》分五章二十九条，明确了省级非遗代表性传承人认定与管理的目的依据、适用范围、指导思想、遵循原则、传承人基本要求、申报与认定、服务与管理等内容，将有效促进省级非遗代表性传承人队伍的建设与管理工作，进一步提升山东省非遗系统性保护水平。

来源：山东省文化和旅游厅政府门户网站
中传云大数据平台相关信息共计357篇

贵州省召开"喜迎建党百年·《中华人民共和国非物质文化遗产法》颁布实施10周年暨展望贵州非遗高质量发展研讨座谈会"

6月18日，由贵州省文化和旅游厅、贵州省法学会、贵州省律师协会主办的"喜迎建党百年·《中华人民共和国非物质文化遗产法》颁布实施10周年暨展望贵州非遗高质量发展研讨座谈会"在贵阳举办。

座谈会现场

研讨座谈会上，18位专家和非物质文化遗产传承人分别从《中华人民共和国非物质文化遗产法》颁布10周年的积极意义，贵州非物质文化遗产保护和利用取得的成效、存在问题及对策，贵州非遗高质量发展对策建议等方面展开了讨论。会议提出，要以《中华人民共和国非物质文化遗产法》颁布10周年为契机，发挥地域优势，突出民族特色，总结经验，精准施策，分类指导，深化普法和监督执法，健全完善相关法律制度，使优秀传统文化得到有效传承，使非遗保护助力经济社会可持续发展。

来源：民主与法制网

中传云大数据平台相关信息共计207篇

《安徽省非物质文化遗产传承基地认定与管理办法》出台

6月21日，根据《中华人民共和国非物质文化遗产法》和《安徽省非物质文化遗产条例》等法律法规，安徽省文化和旅游厅组织制定并发布了《安徽省非物质文化遗产传承基地认定与管理办法》（以下简称《办法》）。《办法》共十四条，对省级传承基地的申报条件、申报材料等内容作出明确规定。

来源：安徽省文化和旅游厅政府门户网站
中传云大数据平台相关信息共计714篇

《海南省非物质文化遗产代表性传承人认定与管理办法》出台

6月24日，海南省旅游和文化广电体育厅印发《海南省非物质文化遗产代表性传承人认定与管理办法》，对省级非物质文化遗产代表性传承人的认定与管理的多个方面进行明确。此举旨在传承弘扬海南省优秀传统文化，鼓励和支持海南省非物质文化遗产代表性传承人开展传承活动。

来源：海南省人民政府门户网站
中传云大数据平台相关信息共计2270篇

湖南省举办"回眸百年"中国刺绣艺术大赛暨主题展活动

6月25日，由中国工艺美术学会、湖南省文化和旅游厅主办的"'回眸百年'中国刺绣艺术红色主题展"在湖南长沙开幕。该展览汇集了湘绣、苏绣、蜀绣、粤绣、台绣、潮绣等来自全国19个省（自治区、直辖市）的29个绣种，共展出刺绣作品110件（套），呈现了中国刺绣非遗技艺的传承与创新，展示了刺绣艺术家高超的刺绣技艺和精益求精的工匠精神。活动还举办了"中国刺绣艺术红色主题展"学术论坛，出版了"中国刺绣艺术红色主题展"图文集，全面展现刺绣艺术界的新风貌、新成就、新发展，向中国共产党"百年华诞"献礼。

来源：湖南省文化和旅游厅政府门户网站 "新湖南"客户端
中传云大数据平台相关信息共计11篇

河北省举办庆祝建党100周年非遗优秀节目展演活动

6月28日，由河北省文化和旅游厅主办的"奋斗百年路 启航新征程——永远跟党走"庆祝中国共产党成立100周年河北省非物质文化遗产优秀节目展演活动在河北省群众艺术馆举办。此次展演演出了从庆祝建党100周年全省非遗作品创作征集活动的优秀作品中精选出来的12个非遗优秀节目，涵盖曲艺、民歌、吹歌、故事、传统舞蹈等艺术呈现形式。节目内容主题突出，样式风格多样，思想昂扬向上，突出表现了党的为民情怀、党的英明领导和党的丰功伟绩，表达了广大人民群众感党恩、听党话、跟党走的真挚情感。

演出节目快板《狼牙山五勇士颂》，赵丽苹摄

来源："河北非物质文化遗产"微信公众号
中传云大数据平台相关信息共计1613篇

河北省举办庆祝建党100周年非遗作品主题展

6月28日，由河北省群众艺术馆、河北省非物质文化遗产保护中心、河北新闻网联合主办的"庆祝中国共产党成立100周年河北省非遗作品主题展"在河北省群众艺术馆开

展览现场，王军利摄

展。展览展出了包括蔚县剪纸、丰宁满族剪纸、武强木版年画、吴桥石影雕、布糊画等50余个非遗项目的180余件展品，涵盖剪纸、编织、印染、雕刻、绘画等艺术形式，用独特手法和朴素情感深切表达了人民群众感党恩、听党话、跟党走的美好愿望。展览以线上线下联动的方式进行。线上展示于6月

15日起在河北新闻网及"河北省非物质文化遗产"微信公众号连载共18期。

来源："河北非物质文化遗产"微信公众号
中传云大数据平台相关信息共计416篇

河北省举办非遗优秀实践案例评选推广活动

6月28日，由河北省非物质文化遗产保护中心、河北新闻网联合举办的河北省非遗优秀实践案例评选推广活动启动。活动计划在全省遴选一批非遗项目保护传承、非遗旅游融合发展、非遗进校园、非遗助力乡村振兴带头人四个方面的优秀实践案例。截至9月30日，共收到来自全省各地市相关部门及企事业单位报送的非遗项目保护传承、非遗旅游融合发展、非遗进校园、非遗助力乡村振兴带头人等四个类别50件非遗优秀实践案例。评选推广活动按照案例类别，每个类别分别评选出5个作品，共评选20个非遗优秀实践案例。

来源："河北非物质文化遗产"微信公众号
中传云大数据平台相关信息共计114篇

"百年回眸　剪纸艺像"——庆祝中国共产党成立100周年粤港澳大湾区剪纸展在深圳举办

6月29日至7月28日，由深圳市文化广电旅游体育局和广东省民间文艺家协会联合主办的"百年回眸 剪纸艺像"展览在深圳博物馆举办。展览围绕"庆祝中国共产党成立100周年"主题，以"百年百幅"剪纸艺术为表现形式，聚集了粤港澳大湾区11个城市剪纸艺术家的100幅（组）剪纸作品，以1921年至2021年各时期的历史人物、精彩故事、重要事件为素材，全景式地回顾了中国共产党团结带领中国人民不懈奋斗的光辉历程，展望党和人民事业发展的光明前景，动员全党全国全社会为乘势而上开启全面建设社会主义现代化国家新征程、向第二个百年奋斗目标进军而团结奋斗，同时体现了剪纸艺术形式的多样性和创新性。

来源：《深圳特区报》
中传云大数据平台相关信息共计17篇

2021年云南省非遗业务骨干田野调查培训班在迪庆举办

6月29日，由云南省文化和旅游厅主办的2021年云南省非物质文化遗产业务骨干田野调查培训班在迪庆开班，来自全省16个州市的90多名非遗业务骨干参加培训。培训以非物质文化遗产项目的田野调查、项目调查报告和申报文本的撰写、项目申报专题片的拍摄和档案数据库的规范建设为主要内容，邀请资深非遗保护专家马盛德就非遗保护理念与实践做《中国非遗保护20年》专题报告，中国艺术研究院研究员、博士生导师孙建军解读《非物质文化遗产保护工作的田野调查》。后续培训以项目为依托，以州市为范围组成项目组，采取集中学习、分组进村入户，再集中分享成果的方式，将理论讲授与实践紧密结合，切实提高基层非遗保护工作人员的田野调查、影像采集和报告编写能力，全面提升云南省非物质文化遗产保护工作水平。

来源：云南省非物质文化遗产保护网
中传云大数据平台相关信息共计18篇

"'乐享河北'非遗会客厅 —— 河北省非物质文化遗产保护成果展"举办

6月30日，由河北省文化和旅游厅主办的"'乐享河北'非遗会客厅 —— 河北省非物质文化遗产保护成果展"在河北博物院开展。"乐享河北"非遗会客厅是河北首个省级非遗展厅，整个展览分为梨园乡韵、百工百艺、遇见非遗、非遗旅行等多个板块，展出了传统戏剧，曲艺，传统体育、游艺与杂技，民俗等多种类别的非遗项目和具有河北特色的非遗产品500余件。非遗会客厅通过盲盒购物、道具体验、现场视听、网红打卡等多种体验形式，展示了河北开展非物质文化遗产保护近20年

非遗会客厅展览展示现场（一），赵丽苹摄

非遗会客厅展览展示现场（二），赵丽苹摄

来取得的丰硕成果。

来源：中国旅游新闻网、河北博物院官方网站、"河北非物质文化遗产"微信公众号
中传云大数据平台相关信息共计93篇

"'百年百艺·薪火相传'山东传统工艺邀请展"举办

6月30日至8月，由山东省文化和旅游厅主办、山东省文化馆（山东省非物质文化遗产保护中心）承办的"'百年百艺·薪火相传'山东传统工艺邀请展"在山东省文化馆举办。展览聚焦建党百年、改革开放、脱贫

传统工艺邀请展现场展品

攻坚、乡村振兴等重大题材，展出近百年来在不同历史时期具有代表性、技艺高超、充分体现传统技艺高峰的经典作品，以及党的十八大以来，国家级、省级非遗代表性传承人创作的具有时代气息、充分展现传统工艺高超技艺的精品，全面展示了山东省传统工艺振兴成果，宣传了传统工艺在满足人民群众对美好生活向往、助力脱贫攻坚和乡村振兴中发挥积极作用，让齐鲁优秀传统文化展现出时代风采和永久魅力。

来源：山东省文化馆官方网站
中传云大数据平台相关信息共计598篇

7月

中国非物质文化遗产保护协会非遗数字专业委员会成立

7月24日，由中国非物质文化遗产保护协会主办，云南省大理白族自治州人民政府、中国数字文化集团有限公司承办的"中国非物质文化遗产保护协会非遗数字专业委员会成立大会"在云南大理召开。文化和旅游部党组成员、中国非

中国非物质文化遗产保护协会非遗数字专业委员会成立大会现场

物质文化遗产保护协会会长王晓峰宣布非物质文化遗产保护协会非遗数字专业委员会成立并讲话。非遗数字专委会的成立标志着我国非遗保护传承工作有了顺应数字技术发展潮流的新载体。专委会成立大会之前，还召开了非遗数字专委会第一届第一次委员会，选举产生了非遗数字专委会第一届委员会委员。

来源：中华人民共和国文化和旅游部政府门户网站、云南网
中传云大数据平台相关信息共计95篇

"2021非遗数字高峰论坛"在云南大理举办

7月25日，由中国非物质文化遗产保护协会主办的"2021非遗数字高峰论坛"在云南大理举办。全国政协文化文史和学习委员会副主任、文化和

旅游部原部长雒树刚，文化和旅游部党组成员、中国非物质文化遗产保护协会会长王晓峰出席并发表主题演讲。本届论坛以"中国非遗保护传承的数字化机遇和挑战"为主题，展望"十四五"时期非遗数

论坛现场

字化发展趋势、分享国家文化大数据标准体系建设经验以及在实施非遗数字化过程中需要注意的问题。论坛嘉宾分别以"推进数字非遗工作""数字技术基础上的经济社会转型问题""中国非遗数字化标准体系的建设""文化遗产的数字化版权及其应用场景"等主题展开演讲。

来源：中华人民共和国文化和旅游部政府门户网站、《大理日报》
中传云大数据平台相关信息共计103篇

"黄河流域非遗保护传承弘扬协同机制研讨活动"在河南洛阳举行

7月28日至29日，由文化和旅游部非物质文化遗产司主办，河南省文化和旅游厅、洛阳市人民政府承办的"黄河流域非物质文化遗产保护传承弘扬协同机制研讨活动"在河南洛阳举行。文化和旅游部党组成员王晓峰参加活动并在研讨会上讲话。活动期间，来自沿黄九省（区）的嘉宾实地考察了洛阳市国家级非遗项目

研讨活动现场

唐三彩烧制技艺、洛邑古城非遗园区、黄河流域非物质文化遗产保护展示中心等项目，并就发挥非遗保护传承弘扬协同机制作用进行研讨。

来源：河南省人民政府门户网站、"河南非遗"微信公众号
中传云大数据平台相关信息共计359篇

《齐鲁文化（潍坊）生态保护区建设管理办法》施行

　　7月1日，《齐鲁文化（潍坊）生态保护区建设管理办法》（以下简称《办法》）施行。《办法》主要依据《中华人民共和国非物质文化遗产法》《国家级文化生态保护区管理办法》制定，明确齐鲁文化（潍坊）生态保护区以非遗保护为核心，对历史文化、农耕文化、

齐鲁文化（潍坊）生态保护区内的一处工业旅游景观，苏锐摄

商贸文化、山海文化、民俗文化、红色文化等潍坊地域文化进行整体性保护。2010年11月，原文化部批准在潍坊市设立国家级潍水文化生态保护实验区，2019年12月，实验区通过文化和旅游部验收评审，正式获批国家级文化生态保护区，同时更名为"齐鲁文化（潍坊）生态保护区"，该生态保护区是山东省内唯一一个国家级文化生态保护实验区。

来源：澎湃新闻、"文旅中国"客户端
中传云大数据平台相关信息共计372篇

湖南省举办庆祝中国共产党成立100周年非物质文化遗产系列展示活动

　　7月1日，由湖南省文化和旅游厅、株洲市人民政府联合主办的"红色经典·非遗传承"庆祝中国共产党成立100周年湖南省非物质文化遗产系列展示活动在株洲启动。活动包括系列展示活动开幕式暨专场文艺晚会、湖南省非

展示活动现场表演

物质文化遗产博览会、醴陵釉下五彩瓷烧制技艺专题展三大板块。7月1日至4日举办的湖南省非物质文化遗产博览会集中展示了湘赣两省精选的100个非遗（文创）项目，包括30个湘赣两省共同打造的"湘赣红"品牌项目。

来源："新湖南"客户端
中传云大数据平台相关信息共计350篇

重庆市开展"非遗中的红色资源"寻访活动

　　7月至9月，在重庆市文化和旅游发展委员会指导下，结合党史学习教育的开展，重庆市非遗保护中心、重庆市非遗保护协会组织开展"非遗中的红色资源"寻访活动。寻访范围包括全市的国家、市、区县级非物质

文化遗产代表性项目名录中与红色文化相关的项目，以及未列入各级名录但在当地活态传承、具有良好群众基础的红色文化资源。最终共发现、挖掘和整理具有红色基因的非遗项目127项。普查非遗红色资源，对于继承发扬革命精神、培育和践行社会主义核心价值观、促进广大市民广泛参与非遗红色资源保护传承具有重要意义。

来源："上游新闻"客户端、重庆市文化和旅游发展委员会供稿
中传云大数据平台相关信息共计258篇

吉林省举办"第三届吉林非遗节"

7月3日至9日，作为吉林省文化和旅游厅主办的"精彩夜吉林·2021消夏演出季"子板块活动，"第三届吉林非遗节"在长春文庙举办。本次活动邀请了中国评剧院、河南豫剧院等7个国内知名院团进行7场非遗剧（节）目表

"第三届吉林非遗节"现场

演，线上累计观看人次达281万；组织了53个传统美术、传统技艺类非遗代表性项目进行展销，销售额60余万元。非遗节在弘扬优秀传统文化的同时，有力助推了文旅夜经济的发展，形成了吉林省文旅融合和非遗传播推广的重要品牌。

来源："新华社"客户端、吉林省文化和旅游厅供稿
中传云大数据平台相关信息共计80篇

"中国非遗项目保护管理制度研究会议"在山东荣成召开

7月9日至10日，由山东大学、山东省文化和旅游厅主办的"中国非遗项目保护管理制度研究会议"在山东荣成召开。文化和旅游部非物质文化遗产司负责人对我

会议现场

国开展非遗保护工作近20年历程所取得的成绩、新时代非遗保护工作的任务、非遗代表性项目保护和管理的现实需求、加强非遗保护研究、推动将非遗融入国民教育体系等方面，进行了全面梳理，并提出了指导意见。北京师范大学、山东大学等高校专家学者，就新形势下中国非遗项目保护管理制度的建设工作和《国家级非物质文化遗产保护与管理暂行办法》（2006年版）的修订工作建言献策，贡献智慧。

来源：中国非物质文化遗产网、荣成市人民政府门户网站
中传云大数据平台相关信息共计24篇

"'百年百艺·薪火相传'庆祝中国共产党成立100周年暨辽宁省传统工艺展"在沈阳举办

7月10日，由辽宁省文化和旅游厅、辽宁省文化演艺集团（辽宁省公

共文化服务中心）主办的"'百年百艺·薪火相传'庆祝中国共产党成立100周年暨辽宁省传统工艺展"在沈阳举行。展览聚焦庆祝中国共产党成立100周年，设立剪纸刻绘区，织绣、服饰区，文房制作区，雕刻塑造区，编织技艺区，传统饮食区，成果展览区7个展区，共组织50个国家级、省级传统工艺类项目参加展示活动。百花齐放共庆建党百年（庄河剪纸）、百年大计（锦州满族刺绣）、红船（沈阳于氏面人技艺）等百件传统工艺类作品精彩亮相。展览期间，还举行了"薪火相传"非遗传承人授徒学艺拜师仪式。

来源：辽宁省文化和旅游厅政府门户网站
中传云大数据平台相关信息共计245篇

纪录电影《天工苏作》院线上映

7月10日，纪录电影《天工苏作》院线上映。《天工苏作》以12位代表性非遗传承人的视角，讲述灯彩、核雕、宋锦、明式家具、船点、苏绣、香山帮传统建筑营造、缂

《天工苏作》上海首映礼现场

丝、玉雕9项具有典型意义的苏作手艺的前世今生以及传承人与手艺之间发生的温情故事，展示了苏州唯美大气、古老与现代并存的城市影像。

来源:《新京报》《大众日报》
中传云大数据平台相关信息共计4220篇

"'人民保险杯'第十八届西北五省（区）'花儿'演唱会暨河湟'花儿'艺术周活动"举办

7月12日，由文化和旅游部非物质文化遗产司和公共服务司指导，西北五省（区）文化和旅游厅共同主办的"'人民保险杯'第十八届西北五省（区）'花儿'演唱会暨河

颁奖现场

湟'花儿'艺术周活动"在青海省启幕。依托国家级非遗代表性项目老爷山花儿会、丹麻土族花儿会、七里寺花儿会、瞿昙寺花儿会以及青海省海北州级非遗代表性项目门源花儿会，在大通、互助、民和、乐都、门源举办"花儿"演唱会分会场活动。各地优秀"花儿"歌手倾情献艺，民众积极参与。此次活动紧扣"传承、创新、合作、共享"主题，内容丰富、形式多样，线上线下参与人数近500万。活动期间，还召开了"守正创新——联合国教科文组织人类非物质文化遗产代表作名录项目'花儿'保护传承弘扬座谈会"，来自西北五省区"花儿"专家、学者、传承人等30余人，围绕弘扬黄河流域优秀传统文化，坚定文化自信，提升西北五省区"花儿"保护传承创新能力和水平进行了交流，共同探讨研究新时代"花儿"保护传承创新发展的路径、举措，推动青海"花儿"保护工作迈上新台阶。

来源："青海文旅"微信公众号
中传云大数据平台相关信息共计575篇

四川省举办"2021黄河源非遗保护与铸牢中华民族共同体意识论坛"

7月16日，由文化和旅游部非物质文化遗产司、中国非物质文化遗产保护中心指导，四川省文化和旅游厅、阿坝藏族羌族自治州人民政府主办的"2021黄河源非遗保护与铸牢

论坛活动海报

中华民族共同体意识论坛"在阿坝藏族羌族自治州若尔盖县举办。论坛以"黄河源生态文明建设与红色文化遗产保护利用"为主题，挖掘黄河源非遗时代价值，探讨黄河源红色文化遗产保护利用的途径与方式，推进黄河源非遗保护传承，聚力为黄河源生态保护和高质量发展、民族团结进步提供文化支撑。文化和旅游部非物质文化遗产司、中国非物质文化遗产保护中心相关负责人，国内黄河非遗保护相关领域权威专家，四川、河南、甘肃、宁夏、陕西等省（自治区）文化和旅游厅及中共阿坝州委、州人民政府领导，四川非物质文化遗产保护中心、四川非物质文化遗产保护协会、"大草原"文旅发展联盟成员以及首批6个省级文化生态保护实验区相关市（州）、县的负责人会聚若尔盖，为黄河源非遗保护献言献策。

来源："四川发布"客户端

中传云大数据平台相关信息共计132篇

"记录我们的新时代——广州非遗新作品展" 在广州举办

7月17日，由中共广州市委宣传部指导，广州市文化广电旅游局主办的"记录我们的新时代——广州非遗新作品展"在广州塔开幕。展出的作品均为2020年以来创作完成的新作品，涉及作者达百余人，在立意、形

展览现场的广州榄雕

态、题材上进行突破，集中展现广州非遗的新成果，体现出广州非遗在理念、技法、艺术等方面的新进展。"记录我们的新时代"系列非遗党建研学首场活动同期举办，研学线路共10条，涵盖传统音乐、传统舞蹈、传统体育、游艺与杂技、传统美术、传统技艺等多个类别。

来源：新华网、"文旅中国"客户端
中传云大数据平台相关信息共计245篇

山东省举行"黄河流域、大运河沿线非遗寻访调研活动""非遗课题成果汇报暨非遗传承人群研修交流研讨活动"

7月18日至24日，山东省文化和旅游厅组织开展了全省"黄河流域、

大运河沿线非遗寻访调研活动"。调研组深入9个市、27个县（市、区），行程4000多公里，到访39个村庄或社区，到访78项非遗，与115名传承人进行了深入交流。在7月25日举办的交流活动中，黄河流域非遗项目寻访调研组、大运河沿线非遗项目寻访调研组负责人介绍了黄河、大运河非遗项目寻访的目的、进程及收获，对山东省黄河流域、大运河沿线非遗的现状进行了客观分析，同时对当前急需解决的问题提出了建议。

交流研讨活动现场

来源：中国非物质文化遗产网、"海报新闻"客户端
中传云大数据平台相关信息共计38篇

河南省公布第五批省级非物质文化遗产代表性项目名录

7月21日，河南省人民政府正式公布第五批河南省非物质文化遗产代表性项目名录。共计103个项目入选第五批河南省非物质文化遗产代表性项目名录，82个项目入选河南省非物质文化遗产代表性项目名录扩展项目名录，涉及民间文学、曲艺、传统美术、传统技艺、传统医药、民俗等

多个类别。

来源：河南省人民政府门户网站
中传云大数据平台相关信息共计1593篇

重庆市推出《重庆传统体育地图》

7月22日，重庆市体育局、重庆市非物质文化遗产保护中心联合重庆市地理信息和遥感应用中心，收集和整理各种传统体育活动，在全国率先推出《重庆传统体育地图》（以下简称《地图》）。《地图》全面展示了重庆市渝北赵氏武术、土家族竹铃球、大足梅丝拳等59个传统体育类非遗代表性项目。

来源：国家体育总局政府门户网站
中传云大数据平台相关信息共计417篇

河南省公布第四批省级非遗研究基地名单

7月26日，河南省文化和旅游厅公布第四批河南省非物质文化遗产研究基地名单，并确认现有基地承接单位。为进一步提升河南省非物质文化遗产研究水平，完善非物质文化遗产研究工作体系，河南省文化和旅游厅组织开展了第四批河南省非物质文化遗产研究基地评定及现有非物质文化遗产研究基地承接单位确认工作。经各地推荐和专家评审，共确定郑州大学文学院、郑州大学新闻与传播学院、河南农业大学林学院等27个第四批河南省非物质文化遗产研究基地，河南大学武术学院、河南大学文化产业与旅游管理学院、河南师范大学文学院等30个现有非物质文化遗产研究基地承接单位。

来源：河南省文化和旅游厅政府门户网站
中传云大数据平台相关信息共计79篇

内蒙古自治区举办黄河流域非物质文化遗产调查工作培训班

7月27日，由内蒙古自治区文化和旅游厅主办的内蒙古自治区黄河流域非物质文化遗产调查工作培训班在五原县开班。本次培训为期5天，各盟市和旅游非遗相关工作负责人约90人参加培训。培训班上，内蒙古自治区社会科学院草原文化研究所相关专家围绕黄河区域文化研究的路径与方法，针对非遗传承人面临的实际问题，重点就新时期非遗保护的政策、理论、传承、创新、推广等方面进行了培训。

来源：巴彦淖尔市人民政府门户网站
中传云大数据平台相关信息共计1279篇

甘肃省举办非遗管理工作培训班

7月27日至29日，由甘肃省文化和旅游厅主办的2021年甘肃省非遗管理工作培训班在武威举办。培训班上，甘肃省文化和旅游厅有关负责同志对下一阶段全省非遗保护重点工作任务作了统筹安排。

培训班开班仪式现场

刘魁立、马盛德等国内非遗保护领域专家、教授进行授课。全体学员结合课程设置，全面、深入、系统地学习非遗保护领域相关知识，进一步提升了非遗保护工作能力和业务水平。

来源：中国甘肃网
中传云大数据平台相关信息共计6004篇

8
月

中共中央办公厅、国务院办公厅印发《关于进一步加强非物质文化遗产保护工作的意见》

8月12日，中共中央办公厅、国务院办公厅印发了《关于进一步加强非物质文化遗产保护工作的意见》（以下简称《意见》）。《意见》强调，要以习近平新时代中国特色社会主义思想为指导，深入贯彻党的十九大和十九届二中、三中、四中、五中全会精神，坚持以社会主义核心价值观为引领，坚持创造性转化、创新性发展，坚守中华文化立场、传承中华文化基因，贯彻"保护为主、抢救第一、合理利用、传承发展"的工作方针，深入实施非物质文化遗产传承发展工程，切实提升非物质文化遗产系统性保护水平，为全面建设社会主义现代化国家提供精神力量。《意见》明确，到2025年，非物质文化遗产代表性项目得到有效保护，工作制度科学规范、运行有效，人民群众对非物质文化遗产的参与感、获得感、认同感显著增强，非物质文化遗产服务当代、造福人民的作用进一步发挥。到2035年，非物质文化遗产得到全面有效保护，传承活力明显增强，工作制度更加完善，传承体系更加健全，保护理念进一步深入人心，国际影响力显著提升，在推动经济社会可持续发展和服务国家重大战略中的作用更加彰显。

来源：中华人民共和国中央人民政府门户网站
中传云大数据平台相关信息共计1989篇

文化和旅游部召开"学习贯彻《关于进一步加强非物质文化遗产保护工作的意见》座谈会"

8月24日，文化和旅游部召开"学习贯彻《关于进一步加强非物质文化遗产保护工作的意见》(以下简称《意见》)座谈会"，深入学习并领会《意见》精神，推动非物质文化遗产保护工作深入开展。文化和旅游部党组书记、部长胡和平出席会议并讲话，党组成员王晓峰主持会议。会议要求，要将学习贯彻《意见》作为当前和今后一个时期非遗保护传承工作的一项重要任务，增强学习贯彻的思想自觉、行动自觉。要准确把握《意见》的基本要求和丰富内涵，加强组织领导，明确责任分工，列出任务清单，确保各项政策措施落实落地。会上，北京市文化和旅游局相关领导，部分在京非遗代表性传承人、项目保护单位负责人，专家学者，媒体代表，就进一步贯彻落实《意见》精神、做好新时代非物质文化遗产保护工作进行发言交流。

来源：中华人民共和国文化和旅游部政府门户网站
中传云大数据平台相关信息共计97篇

2021中国原生民歌节展演节目专家遴选会召开

8月26日至27日，2021中国原生民歌节展演节目遴选会在文化和旅游部民族民间文艺发展中心召开。截至8月25日，2021中国原生民歌节组委会共收到来自31个省（市、自治区）推荐选送的展演节目249组，其中国家级非遗代表性项目节目140组，省级非遗代表性项目节目78组，其他民歌节目31组，涉及35个民族的民歌种类。评审专家按照传统民歌种类与地域分布、艺术表现力和舞台演出效果、非遗代表性传承人与传承人群共同参演及入围节目歌词的意识形态审查等原则，拟定2021年中国原生民歌节展演节目入围候选名单。

来源：中华人民共和国文化和旅游部政府门户网站
中传云大数据平台相关信息共计21篇

《天津市市级非物质文化遗产代表性传承人认定与管理办法》施行

8月1日，《天津市市级非物质文化遗产代表性传承人认定与管理办法》（以下简称《办法》）正式施行。《办法》规定文化和旅游主管部门一般每五年开展一批市级非遗代表性传承人认定工作。天津市文化和旅游主管部门每年对市级非遗代表性传承人履行义务和补助经费使用情况进行一次评估考核，评估考核结果作为继续享有市级非遗代表性传承人资格、补助经费的主要依据。对无正当理由不履行义务，连续两次评估不合格的，经各区文化和旅游主管部门、市直机关直属单位核实后，天津市文化和旅游主管部门取消其市级非遗代表性传承人资格。

来源：天津市文化和旅游局政府门户网站
中传云大数据平台相关信息共计86篇

平顶山说唱文化（宝丰）生态保护发展中心揭牌成立

8月4日，平顶山说唱文化（宝丰）生态保护发展中心揭牌成立。宝丰县于2017年1月被批准设立国家级说唱文化（宝丰）生态保护实验区，该实验区是河南省第一个国家级文化生态保护实验区。平顶山说唱文化（宝丰）生态保护发展中心为平顶山市人民政府直属事业单位，市县共管、以县为主，负责文化生态保护实验区内非物质文化遗产资源整体性保护工作，今后将不断挖掘、整合本地丰富的文化资源，传承文化瑰宝，让说唱文化、魔术文化等文化品牌真正叫响全国，走向世界。同时，加大非物质文化遗产保护力度，以实现文化生态保护区"遗产丰富，氛围浓厚，特色鲜明，民众受益"的建设目标。

来源：宝丰县人民政府门户网站、《平顶山日报》
中传云大数据平台相关信息共计150篇

四川省公布首批非物质文化遗产保护传承基地名单

8月5日，第一批四川省非物质文化遗产保护传承基地名单正式公布，四川省非物质文化遗产保护中心、成都中医药大学、成都市靖绣缘蜀绣有限责任公司、泸州老窖股份有限公司、中国绵竹年画村景区管理委员会、四川省资中县木偶剧团、峨眉山市武术运动中心、雅安茶厂股份有限公司、安岳县文化馆、德格宗萨藏医药有限公司10个基地入选，涉及传统戏剧，曲艺，传统体育、游艺与杂技，传统美术，传统技艺，传统医药，民俗等多个类别。为贯彻落实中央、四川省委关于传承发展中华优秀传统文化的决策部署，四川省委宣传部等7部门在全省联合开展了第一批四川省非物质文化遗产保护传承基地遴选工作。

来源：《中国旅游报》
中传云大数据平台相关信息共计641篇

《龙江非遗故事》系列融媒体直播活动举办

8月10日起，黑龙江省非物质文化遗产保护中心与黑龙江广播电视台"极光新闻"合作，共同打造《龙江非遗故事》系列融媒体直播活动，集中展示海伦剪纸、金漆镶嵌、葫芦烙画、兰西挂钱、面塑、渤海靺鞨绣、锅包肉、鱼皮画等丰富多彩的国家级、省级非物质文化遗产。栏目邀请非遗传承人进行了传统技艺现场展示，讲述非遗故事，传递龙江精神。

直播活动海报

来源："文旅龙江"微信公众号
中传云大数据平台相关信息共计84篇

《黄河流域宁夏非物质文化遗产保护传承弘扬专项规划》印发实施

8月11日，由宁夏回族自治区文化和旅游厅主持起草编制的《黄河流域宁夏非物质文化遗产保护传承弘扬专项规划》（以下简称《规划》）印发。《规划》包含五个章节，详细阐述了2021年至2025年宁夏非遗事业发展的总体思路、主要任务和相关保障措施，为今后几年黄河流域宁夏非物质文化遗产保护传承弘扬工作提供了依据和参照。与以往宁夏编制的非遗保护规划不同，本《规划》的编制工作是在中共中央、国务院提出促进黄河流域生态保护和

黄河流域宁夏非物质文化遗产
保护传承弘扬专项规划

宁夏回族自治区文化和旅游厅
二〇二一年三月

《黄河流域宁夏非物质文化遗产保护传承弘扬专项规划》封面

高质量发展的时代背景下开展的，规划内容与宁夏回族自治区黄河流域生态保护和高质量发展先行区建设工作、黄河文化保护传承弘扬工程实施工作高度衔接、密切相关，是对中共中央、国务院关于黄河流域生态保护和高质量发展工作有关讲话精神、文化和旅游部"黄河文化保护传承弘扬座谈会"会议精神的贯彻落实。《规划》还对非遗文化生态修复、非遗与其他业态的多元融合发展等工作提出详细任务与要求，具有新颖性与前瞻性。

来源：宁夏回族自治区文化和旅游厅政府门户网站
中传云大数据平台相关信息共计22篇

甘肃省人大教科文卫委员会召开非遗保护领域"一法一条例"贯彻落实情况汇报座谈会

8月12日，甘肃省人大教科文卫委员会组织召开了"《中华人民共和国非物质文化遗产法》《甘肃省非物质文化遗产条例》贯彻落实情况汇报座谈会"，听取了甘肃省文化和旅游厅、省发展改革委、省财政厅等相关部门

座谈会现场

贯彻执行"一法一条例"的工作情况汇报。会上，甘肃省文化和旅游厅从依法保护、学习宣传、财政投入、工作机制、非遗传播、文化生态保护区建设、非遗与旅游融合发展等11个方面，详细介绍了全省文化和旅游系统落实"一法一条例"的主要做法和成效。会议强调，今后要继续做好各项工作，营造良好的法制环境，加强保护传承工作力度，形成合力，做好弘扬工作，积极融入国家和省上重大战略，促进文化和旅游深度融合。

来源：甘肃省文化和旅游厅政府门户网站
中传云大数据平台相关信息共计32篇

云南省非遗短视频展播亮相法国

8月12日至18日，巴黎中国文化中心和云南省文化和旅游厅共同推

出云南省文化旅游推介活动第二期——"七彩云南·魅力非遗"短视频展播活动。该活动旨在推介云南剪纸、普洱茶、腾冲皮影、竹编、民族服饰等当地代表性特色非遗项目，引领观众走进彩云之南的独特风情，感受七彩云南的非凡魅力。活动在巴黎中国文化中心官网、微信公众号、脸书、推特、影格、领英、油管等海内外主流新媒体平台同步推出，受到法国网友们的喜爱和欢迎，一周时间内覆盖近10万人次受众，收获5000余次互动。

来源：中国文化网
中传云大数据平台相关信息共计828篇

内蒙古自治区公示国家级非遗代表性传承人评估结果

8月18日，内蒙古自治区文化和旅游厅发布公告，公示国家级非遗代表性传承人2019—2020年度传承活动评估结果。根据有关要求，内蒙古自治区文化和旅游厅通过制定方案、自查自评、实地抽检、审核评估、平台填报等程序，开展了国家级非遗代表性传承人2019—2020年度传习义务履行和传承补助经费使用情况评估。参加评估的国家级非遗代表性传承人有70人，根据评估结果，评定的优秀人员15人，合格人员55人。

来源：内蒙古自治区文化和旅游厅政府门户网站
中传云大数据平台相关信息共计77篇

福建省召开"学习贯彻《关于进一步加强非物质文化遗产保护工作的意见》座谈会"

8月27日，福建省文化和旅游厅在福建省艺术馆（福建省非物质文化遗产保护中心）组织召开了学习贯彻中共中央办公厅、国务院办公厅印发的《关于进一步加强非物质文化遗产保护工作的意见》（以下简称《意见》）座谈会。会上组织学习了《意见》的主要精神和工作重点；学习了文化和旅游部党组书记、部长胡和平在学习贯彻《意见》座谈会上的讲话精神。与会非遗专家、传承人、项目保护单位代表交流了学习领会《意见》精神的心得体会。

来源：福建省文化和旅游厅政府门户网站
中传云大数据平台相关信息共计56篇

宁夏回族自治区对非遗保护工作展开全面复核评估

8月30日至9月2日，依据《宁夏回族自治区非物质文化遗产保护管理暂行办法》，在全区非遗复核评估领导小组的统一领导下，宁夏回族自治区文化和旅游厅抽调18名自治区非遗专家库专家，与文化和旅游厅、文化馆工作人员共同成立9个复核评估组，按照责任分工开展工作，对全区非物质文化遗产保护工作情况进行全面复核评估。此次复核评估结果作为评选2021年度先进项目责任保护单位、保护传承基地和非遗年度人物和优秀保护实践案例的重要依据，还根据复核评估掌握的具体情况，按照有关规定实施项目责任保护单位、保护传承基地和代表性传承人诫勉、退出机制。复核评估工作分为两个阶段，第一阶段为自治区五个地级市文化和旅游局复核评估阶段，第二阶段为自治区文化和旅游厅复核评估阶段。在复

"学习贯彻中共中央办公厅、国务院办公厅《关于进一步加强非物质文化遗产保护工作的意见》暨全区非物质文化遗产保护工作复核评估业务培训班"现场

银川市汇报会现场

核评估工作正式开展前，在自治区文化和旅游厅举办了"学习贯彻中共中央办公厅、国务院办公厅《关于进一步加强非物质文化遗产保护工作的意见》暨全区非物质文化遗产保护工作复核评估业务培训班"。

来源："宁夏回族自治区文化馆"微信公众号
中传云大数据平台相关信息共计45篇

9
月

文化和旅游部公布第五批国家级非物质文化遗产代表性项目保护单位名单

9月18日，文化和旅游部办公厅印发《关于公布第五批国家级非物质文化遗产代表性项目保护单位的通知》(以下简称《通知》)，正式认定445家单位为第五批国家级非物质文化遗产代表性项目保护单位。

《通知》要求，各地文化和旅游行政部门要以习近平新时代中国特色社会主义思想为指导，按照《中华人民共和国非物质文化遗产法》和中共中央办公厅、国务院办公厅印发的《关于进一步加强非物质文化遗产保护工作的意见》要求，坚持以社会主义核心价值观为引领，贯彻"保护为主、抢救第一、合理利用、传承发展"的工作方针，加强管理，指导、监督各保护单位认真做好国家级非物质文化遗产代表性项目保护工作。

来源：中华人民共和国文化和旅游部政府门户网站
中传云大数据平台相关信息共计1033篇

新修订的《宁夏回族自治区非物质文化遗产保护条例》正式施行

9月1日，新修订的《宁夏回族自治区非物质文化遗产保护条例》(以下简称《条例》)正式施行。新版《条例》共七章五十四条，对代表性传承人的认定，代表性传承人享有的权利、应履行的义务作了明确规定。代表性传承人无正当理由不履行法律规定义务的，文化和旅游主管部门可以取消其代表性传承人资格，重新认定该项目的代表性传承人；丧失传承能力的，文化和旅游主管部门可以重新认定该项目的代表性传承人。

来源:《法制日报》
中传云大数据平台相关信息共计283篇

广西壮族自治区召开"学习贯彻《关于进一步加强非物质文化遗产保护工作的意见》座谈会"

9月2日，为深入学习领会中共中央办公厅、国务院办公厅印发的《关于进一步加强非物质文化遗产保护工作的意见》精神，推动全区非物质文化遗产保护工作深入开展，广西壮族自治区文化和旅游厅召开"学习贯彻《关于进一步加强非物质文化遗产保护工作的意见》(以下简称《意见》)座谈会"。座谈会上，广西壮族自治区文化和旅游厅有关负责同志，部署了下一阶段非物质文化遗产保护工作。会议传达、学习了《意见》精神，专家学者对《意见》进行了深入解读，非遗传承人代表和南宁市、东兰县非遗保护工作代表结合工作实际交流经验体会，广西壮族自治区文化和旅游厅非遗处负责人、非遗保护中心负责人做了发言。会议要求，全区文化和旅游部门要利用非遗作为可持续发展战略性资源的特征，努力推动非

座谈会现场

遗融入现代生活和服务国家战略，切实发挥好非遗在促进经济发展、城乡建设、社会治理、民生改善等方面的积极作用。

来源：广西壮族自治区文化和旅游厅政府门户网站
中传云大数据平台相关信息共计119篇

青海省召开"学习贯彻《关于进一步加强非物质文化遗产保护工作的意见》座谈会"

　　9月3日，青海省文化和旅游厅召开"学习贯彻《关于进一步加强非物质文化遗产保护工作的意见》（以下简称《意见》）座谈会"，传达、学习《意见》以及文化和旅游部党组书记、部长胡和平在《意见》学习贯彻座谈会上的讲话精神，就推动

座谈会现场

落实文件和讲话精神作出部署。与会代表围绕青海省非遗保护工作现状、存在问题与困难，结合贯彻落实《意见》和胡和平部长的讲话精神，就下一步做好新时代非遗保护的重点工作等进行了发言交流。

来源：青海省文化和旅游厅政府门户网站
中传云大数据平台相关信息共计40篇

青海省组织非遗与旅游融合发展优秀实践案例和"非遗进校园"十大优秀实践案例评选

　　9月4日，为深入弘扬中华优秀传统文化，切实加强青少年学生优秀传统文化教育，挖掘全省非遗资源，推动非遗与旅游融合发展，青海省文化和旅游厅在全省范围内组织开展了"非遗进校园"、非遗与旅游融合发展优秀实践案例的推荐、遴选活动，推出了互助县彩虹部落土族园景区非遗与旅游融合等10个优秀实践案例和湟中区班沙尔学校等10个"非遗进校园"优秀实践案例。"非遗进校园"通过展示、展演、展销和互动体验，探索创新非遗传承传播新形式、新做法，促进非物质文化遗产在青少年群体中的传承与发展。非遗与旅游的融合为全省非遗保护传承和发展注入新的内生动力，有效扩大了青海省非遗的影响力和辐射面。

青海海东互助县彩虹部落土族园景区非遗与旅游融合优秀实践案例非遗表演

青海西宁湟中区班沙尔学校"非遗进校园"优秀实践案例传承人教授农民画现场

来源："青海文旅"微信公众号
中传云大数据平台相关信息共计109篇

江西省公布第四批省级非遗代表性传承人名单

9月7日，根据《中华人民共和国非物质文化遗产法》《江西省非物质文化遗产条例》有关规定，为加强非物质文化遗产传承人队伍建设，保护和传承非物质文化遗产代表性项目，按照省文化和旅游厅《关于开展第四批省级非物质文化遗产代表性传承人申报工作的通知》要求，经各地申报、专家评审小组评审、专家评审委员会审议、社会公示等程序，认定江西省第四批省级非物质文化遗产代表性项目代表性传承人135人。

来源：江西省人民政府门户网站
中传云大数据平台相关信息共计706篇

辽宁省召开"学习贯彻《关于进一步加强非物质文化遗产保护工作的意见》工作部署会"

9月8日，辽宁省文化和旅游厅召开"学习贯彻《关于进一步加强非物质文化遗产保护工作的意见》（以下简称《意见》）工作部署会"。会议传达了辽宁省委、省政府主要领导同志对《意见》的批示精神，并对全省下一步开展

工作部署会现场

非遗保护工作进行部署。沈阳市、朝阳市、盘锦市文化和旅游行政主管部门分别介绍了落实《意见》要求近期和远期各项举措，就开展非遗资源普查、加强传承人群和非遗保护工作队伍培训、非遗传承保护基础设施建设、加强区域合作和非遗整体保护等问题进行交流。国家级非遗传承人代表、项目保护单位代表以及非遗保护专家代表在会上交流并发言。辽宁省委宣传部文艺处负责同志、各市文化和旅游行政主管部门分管负责同志、辽宁省文化遗产保护中心（非遗中心）有关负责同志等参加会议。

来源：辽宁省文化和旅游厅政府门户网站、《辽宁日报》
中传云大数据平台相关信息共计23篇

云南省组织开展"云南非遗公开课"系列网络直播活动

为进一步加强非物质文化遗产知识普及、深化保护工作者、传承人及公众对非物质文化遗产的理解和认知，增强网络传播效果，云南省非物质文化遗产保护中心推出"云南非遗公开课"网络直播专题。9月8日，"云南非遗公开课"网络直播专题开启，云南省省级非物质文化遗产代表性传承人赖庆国亮相直播间，向观众们介绍锡器制作技艺与文化。9月28日、11月27日，"云南非遗公开课"网络直播先后在丽江市永胜县和临沧市开播。永胜县专场直播结合云南省文化和旅游厅定点帮扶永胜县文旅发展的工作需求，邀请非遗传承人，重点推介了水酥饼制作技艺、珐琅银器制作技艺和三川火腿制作技艺等永胜县最具特色的国家级、省级非遗代表性项目。临沧市专场直播，邀请非遗传承人，重点推介了滇红茶制作技艺、傣族手工造纸技艺等4个临沧市代表性非遗项目。此后，"云南非遗公开课"将逐步打造云南非遗传播 IP，成为传承乡土文化、发展乡村旅游、实现乡村振兴的重要媒介品牌。

来源：云南网、云南省非物质文化遗产保护网
中传云大数据平台相关信息共计16篇

广东省举办非物质文化遗产项目代表性传承人培训班

9月14日至17日，由广东省文化和旅游厅指导，广东省非物质文化遗产保护中心主办的2021年广东省非物质文化遗产项目代表性传承人培训班在东莞举办，来自全省各地市的国家级、省级、市级、县级代表

培训班现场

性传承人及其他传承人共105人参加了培训。本次培训班采取专家授课、案例分享、现场教学和问卷调查等形式进行，高校教授、致力于非遗知识产权保护的专业律师、在电商平台推广非遗并取得显著效益的专业人士，以及实践经验丰富的传承人，围绕不同主题从不同角度进行了授课讲解。

来源：广东省文化馆官方网站
中传云大数据平台相关信息共计1953篇

陕西省开展第二批省级非遗就业工坊设立工作

9月14日，为巩固脱贫成果，深入推进非遗就业工坊建设，帮助更多脱贫地区群众进入非遗就业工坊就业，陕西省文化和旅游厅及省乡村振兴局决定组织开展第二批省级非遗就业工坊申报设立工作。此次推荐申报条件为：以省级以上非遗代表性项目为主要生产技能，覆盖面广、从业人员多、适于带动就业、具有较好市场潜力的非遗项目；列入国家或陕西省传统工艺振兴目录的项目优先支持；有用于技能培训和生产的固定场所，有建设非遗就业工坊的必要的水电等基础条件；有建设、运营非遗就业工坊的牵头企业、合作社或带头人，有县级以上非遗代表性传承人参与培训和生产工作；能够有效吸纳脱贫人口和低收入家庭、残疾人、留守妇女等弱势群体参与就业；带动就业增加的收入不低于当地最低工资标准；有技能培训和生产计划，有一定的展销平台和渠道。

来源：《陕西日报》、陕西省文化和旅游厅政府门户网站
中传云大数据平台相关信息共计112篇

"百年百艺民间文化艺术展"在河北廊坊举办

9月15日至17日，作为2021"一带一路"·长城国际民间文化艺术节重要活动之一，"百年百艺民间文化艺术展"在河北廊坊举办。展览汇聚6个"一带一路"共建国家、我国"一带一路"沿线18个省份和京津冀三地非遗传统手工技艺。展览共展出800余件作品，涉及74个非遗项目，包括

"百年百艺民间文化艺术展"现场展板　　　"百年百艺民间文化艺术展"俄罗斯展区现场

43个国家级非遗代表性项目，7个人类非物质文化遗产代表作名录项目，155名传承人和演员参加展览和演出。2021"一带一路"·长城国际民间文化艺术节由河北省人民政府和文化和旅游部主办，以弘扬丝路精神和长城文化为主题，旨在促进国际民间文化艺术交流。

来源：《人民日报》"河北非物质文化遗产"微信公众号
中传云大数据平台相关信息共计69篇

"长城脚下话非遗"活动在河北山海关举办

　　9月15日，作为2021"一带一路"·长城国际民间文化艺术节分会场活动之一，以"多彩非遗·壮美长城"为主题的"长城脚下话非遗"活动在河北山海关举办。活动包括见匠心——传统技艺创作精品展览、话古今——曲艺表演、亮手艺——传统工艺展示、品美味——传统美食展销、传医道——传统中医药类非

"长城脚下话非遗"活动现场，孟贵成摄

遗项目体验五个板块，300多项非遗项目亮相展销活动。此外，活动期间，还举行了非遗项目观摩活动、长城主题非遗旅游线路体验启动活动，推动河北长城沿线非遗保护传承弘扬协同机制建设、助力非遗旅游融合发展和非遗助力乡村振兴工作开展。

来源：《河北日报》、河北省文化和旅游厅政府门户网站、"河北非物质文化遗产"微信公众号

中传云大数据平台相关信息共计475篇

四川省召开全省非遗保护工作会议

9月15日，四川省文化和旅游厅召开全省非遗保护工作会议，集中学习中共中央办公厅、国务院办公厅《关于进一步加强非物质文化遗产保护工作的意见》（以下简称《意见》）的精神内容和各项任务，探讨研究《意见》在四川落地落实的具体工作。中国非物质文化遗产保护中心相关专家受邀在会上就《意见》的背景、意义、重点、作用等进行了专题解读。四川省文化和旅游厅有关负责人对办好第八届中国成都国际非遗节，加强省级文化生态保护实验区工作、天府旅游美食宣传推广工作、非遗就业工坊建设等近期全省非遗保护工作进行了安排部署，并就谋划2022年项目申报、完善调查记录体系、完善代表性项目制度等工作提

四川省非遗保护工作会现场

出了要求。会议还围绕《"十四五"四川省非物质文化遗产保护行动计划》（征求意见稿）进行了集中讨论，各市州文化和旅游部门相关负责人积极发言交流，为四川省非遗保护工作的长足发展提供了诸多建议。

来源：四川省文化和旅游厅政府门户网站
中传云大数据平台相关信息共计5932篇

"第十三届浙江·中国非物质文化遗产博览会（杭州工艺周）"举办

9月16日，"第十三届浙江·中国非物质文化遗产博览会（杭州工艺周）"开幕。展会以"共享非遗　共同富裕"为主题，围绕"薪火传承之光、乡村振兴之路、少年研学之行、文旅融合之美"四大主题板块展开，通过深化线上"五朵云"模式，打造兴产业、聚人气、促消费，线上与线下多场景、多维度互动的非遗博览会。线下展览时间为9月16日至20日，由国家级代表性传承人（陶瓷工艺）邀请展、薪传奖传统工艺（陶瓷工艺）大展、非遗助力乡村振兴案例展、非遗进校园成果展、"万物启蒙"研学展、第三批浙江省优秀非遗旅游商品展等多个展览构成，同时现场还举办了非遗传承人薪传奖评选（提名）活动、"大匠至心"非遗传承发展杭州沙龙等活动。线上展览时间为9月16日至30日，

活动宣传海报

由开幕式、沙龙、电商、视听、展览等构成，内容丰富，形式多样，用户可随时随地参展逛展。展览闭幕后，观展和购买渠道持续开通，以打造一场"永不落幕"的非遗博览会。

来源："浙江非遗"微信公众号、中国非物质文化遗产网
中传云大数据平台相关信息共计5580篇

"2021'文化山东·齐风鲁韵'——山东省非物质文化遗产线上展演"暨中秋慰侨演出举办

9月16日，由山东省人民政府侨务办公室主办的"2021'文化山东·齐风鲁韵'——山东省非物质文化遗产线上展演"暨中秋慰侨演出举行。活动以非遗艺术为主题，在济南设1个主会场，海外6个国

展演现场

家（韩国、日本、俄罗斯、德国、肯尼亚、新西兰）设立分会场，以线上、线下互动形式，演出了笙竽合奏《千秋和鸣》、吕剧《霓羽华露》等蕴含鲜明的儒家文化、山东民俗特色的省内节目，以及日本樱花舞、韩国济州岛民歌、肯尼亚非洲舞蹈等海外代表性传统文化节目。驻外使领馆代表、外国友人、海外侨胞和留学生等3000余人次观看了本次演出。

来源：新华网、山东省文化馆官方网站
中传云大数据平台相关信息共计67篇

"第三届大运河文化旅游博览会非遗展" 在苏州举办

9月22日至25日，"第三届大运河文化旅游博览会"在苏州举办。博览会设立的"大运河文化旅游博览会非遗展"专区以"走进非遗，感悟生活"为主题，分为"食——园之味""住——园之憩""行——园之行""游——园之游""购——园之购""娱——园之趣"6个板块，以"游园"的概念，将"吃、住、行、游、购、娱"旅游六要素与运河城市特色非遗项目有机结合，集中展示了大运河沿线城市的76个非遗项目、近千件作品。

来源：新华网
中传云大数据平台相关信息共计84篇

海南省非遗保护中心推出《魅力海南·多彩非遗》系列宣传片

9月22日，由海南省非遗保护中心（海南省群众艺术馆）匠心打造的《魅力海南·多彩非遗》系列宣传片上线。系列宣传片共计40期，涵盖琼剧、海南沉香造香技艺、海南八音器乐、黎族船型屋营造技艺、祭祀兄弟公出海仪式等40项非物质文化遗产项目，计划每周推出一期，观众可关注"海南省群众艺术馆"微信公众号或点击"海南省数字文化馆"网站观看系列宣传片。

来源:《海南日报》
中传云大数据平台相关信息共计335篇

贵州省举办非物质文化遗产保护工作者业务培训班

9月23日至24日，由贵州省文化和旅游厅主办的全省非物质文化遗产保护工作者业务培训班举办。贵州省各市（州）、县（市、区）100余名非遗工作者参加了培训。培训班围绕对中共中央办公

培训班现场

厅、国务院办公厅《关于进一步加强非物质文化遗产保护工作的实施意见》的解读、非遗就业工坊建设及乡村振兴融合发展、新媒体时代的非遗传播等方面，以理论与实践相结合的思路，设置了培训课程。

来源：贵州省文化和旅游厅政府门户网站
中传云大数据平台相关信息共计2116篇

"第五届中华老字号（山东）博览会"在济南举办

9月23日至25日，由商务部指导，山东省商务厅、山东省财政厅、山东省文化和旅游厅、山东省市场监督管理局共同主办的"第五届中华老字号（山东）博览会"在济南举办。本届博览会以"国潮国货 品质生活"为主题，现场设各

博览会现场

省团展区、品牌荟萃区、食品展区、医药健康区、名酒名茶区、非遗技艺展区、外贸企业精品专区和齐鲁美食街八大展区，展出来自全国25个省、市、自治区的617家老字号及品牌企业带来的数以万计名优特品。博览会期间，还举办了中华老字号掌门人大会暨品牌发展高峰论坛、精品供采对接大会、寻味老字号直播周、小吃文化节、健康养生节等一系列丰富多彩的活动。

来源：《大众日报》《山东商报》
中传云大数据平台相关信息共计712篇

海南省基层非遗骨干理论与实践研修班在江苏无锡举办

9月24日至28日，由海南省旅游和文化广电体育厅主办的海南省基

层非遗骨干理论与实践研修班在江苏无锡举办。来自海南全省各市县旅文局、非遗项目保护单位负责人、部分国家级和省级非遗代表性传承人，以及琼台师范学院、海南职业技术

研修班现场

学院等参与非物质文化遗产传承人群研培计划的院校代表等共70人参加培训。相关专家深入浅出地给学员解读了《我国非遗保护的理念和实践》等内容，让学员们更加明确了非遗今后发展的方向。同时，研修期间加入了考察江苏非遗在当代生活应用的成功案例和现场教学课程。

来源：海南省旅游和文化广电体育厅政府门户网站、海南网络广播电视台官方网站
中传云大数据平台相关信息共计6篇

"第二届长三角城市非物质文化遗产特展"在安徽宣城举办

9月27日至29日，由安徽省文化和旅游厅、宣城市人民政府共同主办的"第二届长三角城市非物质文化遗产特展"在安徽宣城举办。展览以"传承非遗·共享长三角"为主题，从沪苏浙皖四省市遴选了40个左右特色鲜明的传统技艺类、传统医药类、传统美术类非遗代表性项目，组建了"锦绣长三角""健康长三角""品味长三角""神韵长三角"四个特点鲜明、着力体现长三角非遗特色的展区，展示了长三角非遗保护工作成

果。此外，还设立"诗意宣城"非遗展区，展示宣城市各类非遗项目57个。

来源：中国非物质文化遗产网、宣城新闻网
中传云大数据平台相关信息共计18篇

宁夏黄河流域非遗保护传承培训班在银川举办

9月27日，由宁夏回族自治区文化和旅游厅主办的宁夏黄河流域非遗保护传承培训班在银川市开班。来自宁夏回族自治区文化和旅游厅、文化馆、非遗中心、保护传承基地（工坊）、项目责任保护单

培训班现场

位、非遗与旅游融合发展项目实施单位、部分旅游景区负责人，国家级、自治区级代表性传承人和非遗保护研究专家代表等共150人参加培训。培训通过精彩的专题讲座、系统辅导、问题解答、非遗产品观摩和学员的交流发言等多种方式进行。专题讲座特别邀请河南省、上海市、浙江省长期从事非物质文化遗产保护研究和教学的专家教授授课，内容涵盖非物质文化遗产保护政策解读、非遗评估制度建设与动态管理、非遗保护与文旅融合发展、非遗推广的短视频思维等，兼具政策性、理论性、实操性、针对性，进一步阐明了非遗保护工作的新要求、非遗保护发展的最新理论成果。

来源：宁夏回族自治区文化和旅游厅政府门户网站
中传云大数据平台相关信息共计116篇

"'如意甘肃 · 多彩非遗'甘肃省非物质文化遗产展演"活动在兰州举办

9月28日，由中共甘肃省委宣传部、甘肃省文化和旅游厅主办的"庆丰收、迎国庆'如意甘肃·多彩非遗'甘肃省非物质文化遗产展演"活动在兰州音乐厅开幕。甘肃省25个非遗代表性项目的近百名传承人登台亮相，为现场和线上观众奉献了一场承载着泥土清香和匠心艺韵的非遗盛宴。本次非遗展演活动汇聚了甘肃省14个市（州）独具代表性和地域特色的精彩非遗节目，分为序和"黄土情缘""丝路回响""山河遗韵""盛世欢歌"四个篇章，以匠人之心、创新之意展示了甘肃省厚重的非遗资源，生动诠释了甘肃省在非遗保护领域取得的成就，提升整个社会对非遗保护的关注、热爱和参与度。

嘉宾与演职人员合影

采源：人民网、澎湃新闻
中传云大数据平台相关信息共计777篇

北京市公布第五批市级非遗代表性项目名录

9月29日，北京市公布了48项第五批市级非物质文化遗产代表性项目名录和4项第五批市级非物质文化遗产代表性项目名录扩展项目名录，并要求各区、各有关部门和单位要深入贯彻落实中共中央办公厅、国务院办公厅《关于进一步加强非物质文化遗产保护工作的意见》，按照《中华人民共和国非物质文化遗产法》《北京市非物质文化遗产条例》等法律法规要求，贯彻"保护为主、抢救第一、合理利用、传承发展"的工作方针，深入实施北京市非物质文化遗产传承发展工程，切实提升首都非物质文化遗产系统性保护水平，为加快全国文化中心建设提供有力支撑。

来源：北京市人民政府门户网站、《北京日报》
中传云大数据平台相关信息共计1325篇

《青海省非物质文化遗产条例》12月1日起施行

9月29日，青海省第十三届人民代表大会常务委员会第二十七次会议审议通过《青海省非物质文化遗产条例》（以下简称《条例》），自2021年12月1日起施行。《条例》共七章五十六条，为进一步加强青海省非遗保护传承、合理利用、传播普及指明了方向，创造了条件，提供了有力支撑，对推动实现非遗创造性转化、创新性发展起到积

《青海省非物质文化
遗产条例》封面

极作用。

来源："青海文旅"微信公众号
中传云大数据平台相关信息共计328篇

浙江省举办"第四届中国浙江·全国曲艺传承发展论坛及观摩交流展演"暨"中国浙江（温州）·全国曲艺唱曲传承发展论坛及观摩交流展演"活动

9月30日，由中国艺术研究院曲艺研究所/中国非物质文化遗产保护中心曲艺（保护）研究室、中国说唱文艺学会、浙江省文化和旅游厅联合主办的"第四届中国浙江·全国曲艺传承发展论坛及观摩交流展演"暨"中国浙江（温州）·全国曲艺唱曲传承发展论坛及观摩交流展演"活动在线上启动。北京、陕西、辽宁、湖南等7个省市区的19个曲种的150多位传承人携29个优秀节目参加了活动。本次活动学术和艺术并举，研讨与观摩互动，组织了当今全国范围内具有代表性的曲艺艺术家进行"开幕式暨献礼建党百年红色题材专场""全国唱曲节目交流展演专场"及"闭幕式暨温州曲艺专场"3个专场交流演出。此外，活动还设置中国浙江（温州）·全国曲艺唱曲传承发展线上论坛板块，由相关专家学者、曲艺保护工作者和

展演现场

曲艺传承人通过文字的形式集中研讨曲艺唱曲的保护理念、传承人培养和未来发展等。活动还与浙江音乐调频电台广播合作，推出《浙江好腔调——空中书场》特别节目《百年百艺听非遗》。

来源：央广网、"新华社"客户端、《光明日报》等
中传云大数据平台相关信息共计137篇

"黄河非遗国际创意周"在河南洛阳举办

9月30日至10月7日，由河南省文化和旅游厅、洛阳市人民政府主办的"黄河非遗国际创意周"活动举办。活动以"非遗之美·创意生活"为主题，通过黄河非遗创意展和黄河文化战略对话两大部分，

活动开幕现场

展示黄河流域非遗的创造性转化和创新性发展。黄河非遗创意展总展览面积约5000平方米，共分为4个展区，包含30多个非遗创意项目、近百个非遗传统消费体验和展示项目，全面展示了全国各地的特色非遗技艺；黄河文化战略对话，邀请来自高校、文创机构的专家学者与全省200多名非遗传承人代表就黄河文化的现状和未来、非遗的传承与创新进行了交流讨论。

来源：人民网、河南省人民政府门户网站
中传云大数据平台相关信息共计307篇

10
月

"'国庆吃面 国泰民安'新民俗倡议活动"在山东泰安举行

10月1日，由中国非物质文化遗产保护协会、山东省文化和旅游厅、泰安市人民政府主办的"'国庆吃面 国泰民安'新民俗倡议活动"在山东泰安举办。文化和旅游部党组

新民俗倡议活动现场

成员、中国非物质文化遗产保护协会会长王晓峰，山东省副省长王心富出席活动并讲话。本次活动以"国庆吃面 国泰民安"为主题，以祈福胜地泰山为背景，通过宣传片展播、各省联线互动、线上同步直播等方式，展现丰富多彩的面食文化及饮食习俗，彰显共享国庆面、同叙家国情的新民俗文化内蕴。现场还开展了全国各地多种面食非遗制作技艺展示及快闪《我和我的祖国》等活动，来自全国各地的游客和当地市民共享国庆面，同叙家国情，共同庆贺新中国成立72周年。

来源：新华网
中传云大数据平台相关信息共计185篇

文化和旅游部、教育部、人力资源社会保障部联合印发《中国非物质文化遗产传承人研修培训计划实施方案（2021—2025）》

10月9日，文化和旅游部、教育部、人力资源社会保障部联合印发《中国非物质文化遗产传承人研修培训计划实施方案（2021—2025）》（以下简称《方案》）。2021年至2025年，文化和旅游部、教育部、人力资源社会保障部，围绕国家级非遗代表性项目组织实施研修培训任务，培训学员不少于1万人次。各省级文化和旅游行政部门会同本级教育、人力资源社会保障行政部门，围绕本地区国家级和省级非遗代表性项目组织实施省级研修培训计划，全国省级研修培训计划培训学员总数不少于2万人次。

《方案》提出，围绕"十四五"非遗保护重点工作，配合乡村振兴等国家重大战略，重点开展传统工艺、传统表演艺术类非遗项目的研修培训，同时探索民间文学、民俗等非遗项目的试点工作。其中，在研修方面，研修班面向具有较高水平、掌握核心技艺的各级非遗代表性传承人及其弟子，通过专业理论学习、案例研讨、创作实践等方式，帮助传承人提高文化艺术修养，解决发展难题；在培训方面，培训班面向掌握相关技能艺能的项目从业人员，帮助学员强化对中华优秀传统文化和所持有技艺的把握，拓宽眼界和知识面，提高传承实践能力。

《方案》明确，2021年，文化和旅游部将组织各省级文化和旅游行政部门，根据各地区"十四五"研培工作需要和非遗保护实际情况，制定本地区的"十四五"研培计划方案。"十四五"时期，文化和旅游部按年度发布国家研培任务申报通知，各省级文化和旅游行政部门根据通知，结合本地区"十四五"研培计划方案，每年遴选承办院校，并组织相关院校制定年度研培方案。

《方案》鼓励结合国家重大战略，支持东西部地区联合开展研培工作，支持有针对性地面向革命老区、民族地区、边疆地区、脱贫地区设置具体研培任务。方案应包含任务期数、任务方向、培训对象等内容，不包括具体承办院校。文化和旅游部将牵头对各地方案进行审核，并对符合条件的研培任务予以支持。

来源：中华人民共和国文化和旅游部政府门户网站、《中国旅游报》
中传云大数据平台相关信息共计706篇

"新疆是个好地方——对口援疆19省市非物质文化遗产展"举办

10月14日至19日，由文化和旅游部、新疆维吾尔自治区人民政府主办，自治区文化和旅游厅承办，19个对口援疆省市文化和旅游厅（局）共同协办的"新疆是个好地方——对口援疆19省市非物质文化遗产展"在新疆美术馆举办。

开幕式现场表演

文化和旅游部党组成员、副部长饶权作开幕式视频致辞，文化和旅游部党组成员、中国非物质文化遗产保护协会会长王晓峰出席开幕式。新疆维吾尔自治区党委常委、宣传部部长田文出席开幕式并致辞。新疆维吾尔自治区文化和旅游厅党组书记、自治区文博院党组书记侯汉敏主持开幕式。

本次非遗展采取"线上 + 线下"模式开展,共有近千件展品、近百位非遗传承人亮相,共展出209项独具特色的非遗代表性项目,其中,对口援疆19省市展出项目115项,新疆14个地(州、市)展出项目94项。线下展览除现场集中展示外,还开展了"非遗进景区"活动,组织援疆省市非遗项目到对口受援地展示、展演等。"云上非遗"运用数字化手段呈现非遗项目及展品。本次展览累计接待参观人数超2万人次,线上直播浏览量达5000万人次,非遗微博话题全网传播量超2.3亿次。

新疆非物质文化遗产种类多样、内容丰富,以丰厚的文化内涵见证了各民族广泛交往、全面交流、深度交融的真实历史,印证了多元一体的中华文化在新疆兼容并蓄、交相辉映的发展脉络。本次展览必将进一步促进新疆与兄弟省(区、市)的交流互助,进一步讲好美丽新疆故事,对传承弘扬中华优秀传统文化、发展社会主义先进文化、铸牢中华民族共同体意识发挥积极作用。

来源:新华网、中华人民共和国文化和旅游部政府门户网站、《新疆日报》
中传云大数据平台相关信息共计3636篇

"第十一届中国竹文化节 · 中国首届竹主题非遗大展"在四川宜宾举办

10月19日至21日,由国家林业和草原局、四川省人民政府和国际竹藤组织共同主办的"第十一届中国竹文化节·中国首届竹主题非遗大展"在四川宜宾举办。本届竹文化节主题为"竹福美丽中国,促进乡村振兴",围绕竹主题非遗代表性项目,共举办开幕式、高峰论坛、植竹、竹书法、竹主题非遗展、竹艺技能赛等12项活动。文化和旅游部党组成员、中国非物质文化遗产保护协会会长王晓峰出席活动并与参展非遗代表性传承人进行现场互动交流。开幕式上举行了"成渝竹产业协同创新中心"授牌仪式、竹产品线上交易展启动仪式以及

文化和旅游部党组成员、中国非物质文化遗产保护协会会长王晓峰(中)等嘉宾与参展非遗代表性传承人进行现场互动交流,张建芳摄

中国竹文化节主办城市交接旗仪式,并确定第十二届中国竹文化节主办城市为江西抚州。此外,本届竹文化节还同步进行了多平台、多维度的线上线下展示,在线上开展竹产品展示展销和竹旅游推介活动。

来源:中国日报网、中国非物质文化遗产网
中传云大数据平台相关信息共计424篇

"2021中国大运河非遗旅游大会"在江苏无锡举办

10月22日至24日,由中国非物质文化遗产保护协会、江苏省文化和旅游厅、无锡市人民政府主办的"2021中国大运河非遗旅游大会"在江苏无锡举办。原文化部党组书记、部长蔡武,文化和旅游部原党组成员、中国非物质文化遗产保护协会会长王晓峰,世界旅游联盟主席、中国旅游协会会

长段强等出席开幕式。大会以"畅游甜美运河·乐享非遗之魅"为主题，设置了开幕式暨主题论坛、实景演出、运河非遗大集、非遗美食汇、锡剧艺术会演等五大板块15项重点活动。业界学者及文化和旅

大会开幕现场

游企业代表围绕"多彩非遗赋能精彩城区""文旅产业发展与非遗保护的深度融合""激活非遗价值 赋能美好生活"等话题发表主旨演讲，并开展交流对话，探讨非遗和旅游融合发展的路径。

来源：中国新闻网、中国江苏网、江苏省文化和旅游厅政府门户网站
中传云大数据平台相关信息共计186篇

文化和旅游部开展国家非物质文化遗产馆藏（展）品征集工作

10月27日，文化和旅游部办公厅印发《关于开展国家非物质文化遗产馆藏（展）品征集工作的通知》（以下简称《通知》）。《通知》明确了藏（展）品的征集范围、征集要求、工作要求等，为进一步推进中国非物质文化遗产馆的建设打下坚实基础。征集范围以国务院公布的五批国家级非物质文化遗产代表性项目名录为基础，以我国列入联合国教科文组织非物质文化遗产名录（名册）项目为重点，广泛征集与之相关的实物、图片、影像资料等。2021年12月16日至2022年5月30日，工作组组织专家对符

合征集要求的藏（展）品进行遴选、论证，确定入选藏（展）品，完成藏（展）品收集、运送、接收、入库工作。

来源：中华人民共和国文化和旅游部政府门户网站
中传云大数据平台相关信息共计426篇

2021"中国非遗年度人物"推选宣传活动启动

10月29日，由文化和旅游部非遗司指导，光明日报社主办的2021"中国非遗年度人物"推选宣传活动在北京启动。公众可通过各省（自治区、直辖市）文化厅（局）、光明日报各地记者站、光明日报非遗传播专家委员会专家、专家评审团评委等途径，向活动组委会推荐2021"中国非遗年度人物"建议人选，也可通过发送邮件个人自荐等方式参加推选活动。2021年的推选宣传活动将聚焦本年度重要非遗传承实践，总结各地因地因事制宜、创造性地开展非遗保护工作的成效和经验，展现广大非遗人孜孜不倦的坚守和探索，以推动全社会对非遗保护事业的关注。

来源：光明网
中传云大数据平台相关信息共计881篇

《绍兴黄酒保护和发展条例》施行

《绍兴黄酒保护和发展条例》经浙江省第十三届人民代表大会常务委员会第三十次会议批准，于2021年10月1日起正式施行。绍兴是黄酒的主要产地，绍兴黄酒酿制技艺是首批国家级非物质文化遗产。此次以地方立法的形式对黄酒进行保护和规范，首次强调了绍兴黄酒的行业职责，在促进绍兴黄酒产业迈向高质量发展方面做出明确规定，对黄酒文化传承和产业发展具有重要意义。

来源：浙江省司法厅政府门户网站
中传云大数据平台相关信息共计282篇

2021北京国际设计周"中国传统工艺振兴主题设计展"在北京举办

10月8日至10月25日，由北京国际设计周组委会、中华世纪坛管理中心、中华世纪坛艺术馆主办的2021北京国际设计周"中国传统工艺振兴主题设计展"在北京中华世纪坛举办。设计展以"复兴百工、生活即道"为主题，

展览现场

共分为长城文化公园、城市更新和乡村振兴三个主要板块内容，重点展示长城国家文化公园，创意设计赋能城市更新、乡村振兴、文旅融合及社会美育等方面的项目案例及设计成果。展览活动主要包括主题展、系列对话论坛、巡展活动等。

来源：新华网、中国网
中传云大数据平台相关信息共计685篇

西藏自治区开展非遗传承人群培训工作

　　10月8日至11月3日，由西藏自治区文化厅、西藏大学主办的"中国非物质文化遗产传承人研修研习培训计划"第一期金属锻造技艺和第六期藏族唐卡传承人群普及培训班在拉萨举办。来自全区的18名金属锻造技艺传承人群和22名唐卡绘画传承人群参加了培训，涵盖了各级代表性传承人和造像师。培训班设置了传统文化理论知识解读、实践技能提升特色课程、实地考察相关非遗项目点、实践交流等。11月8日，由西藏自治区文化厅和自治区劳动就业服务局共同主办的唐卡制作职业技能培训班在拉萨开班。培训班旨在进一步激发唐卡从业人员的创作热情，提高创作水平，拓宽就业渠道，30名学员将完成为期6个月的培训。西藏自治区组织开展的非遗传承人群培训工作，有效提升了非遗传承人素养，促进了非遗保护传承发展。

第一期金属锻造技艺和第六期藏族唐卡传承人群普及培训班结业典礼现场

唐卡制作职业技能培训班开班仪式现场

来源：西藏自治区文化厅政府门户网站
中传云大数据平台相关信息共计1357篇

中韩传统工艺展亮相"苏州国际日——韩国主题活动暨中韩交响乐之夜"

10月10日，作为"中韩文化交流年"的重要活动，由江苏省苏州市人民政府外事办公室、苏州市人民政府新闻办公室、苏州市文化广电和旅游局、苏州工业园区管理委员会、驻上海韩国文化院共同举办的

"苏州国际日——韩国主题活动暨中韩交响乐之夜"开幕现场表演，璩建明摄

"苏州国际日——韩国主题活动暨中韩交响乐之夜"开幕。活动现场，中韩传统工艺展亮相。展览展出了精美的苏绣、微缩古建模型制作技艺、桃花坞木版年画、缂丝、剪纸等苏州非遗和韩国庆南纸灯笼、釜山主题纪念品等，以民间工艺交流为桥梁，搭建了中韩两国文化相知的平台。

来源：中国新闻网
中传云大数据平台相关信息共计182篇

广西壮族自治区举办中国非物质文化遗产传承人群研培计划研修班

10月11日，由广西壮族自治区文化和旅游厅主办的2021年度文化和旅游部、教育部、人力资源和社会保障部中国非物质文化遗产传承人群研培

计划——广西少数民族木构建筑营造技艺传承与创新设计研修班、广西少数民族染织绣技艺传承与创新设计研修班开班。来自各民族地区的40名学员参加培训。培训主要结合广西少数民族染织绣技艺，围绕博物馆文创产品设计和广西少数民族木构建筑营造技艺开展传承创新设计课程，让学员更好地理解非遗传承自身所承担的责任和使命，更好推动非遗融入现代生活。

来源：中国非物质文化遗产网
中传云大数据平台相关信息共计95篇

三峡非遗旅游周暨三峡非遗 in 巷活动在湖北宜昌举办

10月12日，"'最忆是宜昌'三峡非遗旅游周暨三峡非遗 in 巷"活动在湖北宜昌启动。作为第十二届中国长江三峡国际旅游节系列活动之一，本次三峡非遗旅游周活动为期6天，

三峡非遗旅游周活动启动仪式现场，周星亮摄

以"最忆是宜昌"为主题，囊括"我到宜昌逛非遗"旅游集市、"非遗非凡　宜游宜昌"沉浸式演出秀、"长在宜昌"非遗故事会、非遗音乐会等活动，结合三峡非遗传统文化与国潮元素，通过游园打卡、夜间路演、非遗故事会、沉浸式演艺、非遗产品展销、非遗保护成果图文展，以"白＋夜"

的活动形式来展现传统文化的新时代魅力，打造三峡非遗的亮丽名片。

来源：中国新闻网
中传云大数据平台相关信息共计493篇

宁夏回族自治区举办"贺兰魂·黄河情"宁夏贺兰砚制作技艺大赛暨系列活动

大赛开幕式现场

　　10月12日，由宁夏回族自治区文化和旅游厅主办的"贺兰魂·黄河情"宁夏贺兰砚制作技艺大赛开幕式在银川举行。此次大赛是庆祝建党100周年"非遗进万家·文旅展风采——2021年宁夏黄河流域非遗作品创意大赛暨系列活动"的重要组成部分，现场共展出砚雕类作品130件，文创类作品306件，展品以精湛的笔触、多维的视角展现贺兰石作独特的文旅IP形象。系列活动还包括贺兰砚制作技艺传承发展高峰论坛、贺兰砚制作技艺培训班等。相关活动积极探索人才培育与非物质文化遗产传承的有效结合，推动贺兰石砚的发展，进一步扩大延伸贺兰砚文化的覆盖面，加大了宁夏贺兰砚文化资源宣传推介的力度。

来源：宁夏新闻网、"宁夏回族自治区文化馆"微信公众号
中传云大数据平台相关信息共计284篇

"新疆是个好地方 —— 湘遇疆来 · 守护非遗" 湘吐非遗联展交流活动举办

10月12日至13日，由吐鲁番市人民政府、湖南省援疆前方指挥部、湖南省文化和旅游厅联合主办的"新疆是个好地方 —— 湘遇疆来·守护非遗"湘吐非遗联展交流活动在吐鲁番举办。湖南省文化和旅游厅精选湘绣、邵阳蓝印花布、土家族织锦技

"新疆是个好地方——湘遇疆来·守护非遗"湘吐非遗联展交流活动启动仪式现场

艺、侗锦织造技艺、益阳茯砖茶等代表性非遗项目，与土陶烧制技艺、桑皮纸制作技艺等吐鲁番非遗代表性项目一道，为广大市民和游客奉上一场精彩的优秀传统文化盛宴。除展示展演活动外，湖南省文化和旅游厅还组织湖南省文化馆的一批音乐、舞蹈、美术、书法、摄影等方面的专家赴吐鲁番开展专题讲座。

来源：华声在线、中国非物质文化遗产网
中传云大数据平台相关信息共计116篇

河南省举办2021年度中国非物质文化遗产传承人群研培计划"第二期曲艺研培班"

10月12日至11月10日，为进一步提高河南省曲艺传承人群的文化素

养、审美能力与技艺水平，传承弘扬中国优秀传统艺术，河南省文化和旅游厅在南阳举办了2021年度中国非物质文化遗产传承人群研培计划"第二期曲艺研培班"。来自河南省十五个县市的20名曲艺类非物

培训班开班仪式现场

质文化遗产传承人参加研培学习。研培坚持以融入现代生活、弘扬时代价值为导向，坚持以说唱表演作为基本实践形式，坚持以传承人群为核心，坚持整体性保护理念等工作原则，制定曲艺理论基础、剧目实践、观摩交流、巡回展演四大课程模块，包含非遗传承与保护法规、曲艺理论知识、曲艺表演技能、传统剧目赏析与排练、采风和跨剧种交流、社区巡演等内容。其中，剧目实践包括河南坠子、三弦书、大调曲子、山东快板书四个门类。

来源：河南省文化和旅游厅政府门户网站、"曲艺界"微信公众号
中传云大数据平台相关信息共计60篇

黑龙江省举行国家级非物质文化遗产代表性传承人记录工作验收会

　　10月14日，2021年黑龙江省国家级非物质文化遗产代表性传承人记录工作验收会举行。会议组织黑龙江省民俗学、影视学、剧作家等多方专家，针对2019批次国家级非物质文化遗产代表性传承人记录工作成果进行了全面通查验收。验收专家根据国家级非遗代表性传承人记录工程的验收标准，对项目提交资料进行了全面细致的审查，并着重从学术质量方面给

出提质意见,最后采取分别打分、汇总后求平均分的方式评出每个项目最终验收评分。国家级非遗项目婚俗(达斡尔族传统婚俗)代表性传承人莫景海、国家级非遗项目达斡尔族民歌(罕伯岱达斡尔族民歌)代表性传承人莫金忠记录工作成果全部

验收会现场

通过省级通查验收。黑龙江省非遗保护中心将按通查验收报告意见组织拍摄团队进行修改完善,确保记录内容的全面性、准确性和学术性。

来源:黑龙江省文化和旅游厅政府门户网站、东北网
中传云大数据平台相关信息共计27篇

"第五届中国非遗传统技艺大展"在安徽黄山举办

10月15日,由安徽省人民政府主办,安徽省文化和旅游厅、黄山市人民政府承办的"第五届中国非物质文化遗产传统技艺大展"在安徽黄山开幕。大展以"新生活·新传承"为主题,设置了"一体融合 携手共建——

"第五届中国非遗传统技艺大展"现场展台

长三角地区非遗""红色沃土 非遗薪火——革命老区非遗""增味添

彩　美食飘香——中国八大菜系"缤纷文创　美好生活——安徽省博物馆联盟文创产品""文旅融合　皖美有礼——全国旅游商品大赛安徽获奖精品"5个展区，共展出来自20多个省（区、市）400余名非遗传承人创作的1500余件（套）作品，涉及200余个国家级、省级非遗项目。此外，大展现场还展演了15个全省各地优秀传统表演类非遗节目，以"动态"展演与"静态"展陈相结合的方式，营造浓厚的喜庆、祥和的氛围。

来源：新华网、"滁州文旅"微信公众号
中传云大数据平台相关信息共计198篇

《中国世界遗产地保护和管理》项目三期成果发布暨项目四期启动会在贵州松桃举办

10月15日，由联合国教科文组织驻华代表处主办，贵州省铜仁市文体广电旅游局、松桃苗族自治县人民政府和苏州工艺美术职业技术学院共同承办的《中国世界遗产地保护和管理》项目三期成果发布暨项目四期启动会在松桃苗族自治县举行。此次会议以文化和遗产助力乡村振兴为主题，四期项目将对标"十四五"时期乡村振兴战略和联合国2030年可持续发展议程相关目标，把工作重点放在深化世界遗产地的可持续发展上，探索以文化助力乡村振兴的路子。在"遗产保护助力乡村振兴论坛"上，贵州省非遗保护中心主任龙佑铭，中国非遗保护专家项兆伦等分别围绕"非遗助力乡村振兴""遗产地保护与区域发展"等主题展开精彩演讲。

来源：《贵州日报》
中传云大数据平台相关信息共计71篇

广东省开展2019年国家级非遗代表性传承人记录成果通查验收工作

10月18日，广东省文化和旅游厅组织开展2019年国家级非物质文化遗产代表性传承人记录成果通查验收工作。非遗、纪录片、文献等方面的专家学者，以及广东省文化和旅游厅非遗处、广东

专家分组验收工作现场，杨立摄

省非遗保护中心等相关人员参加了通查验收专家会议。广东省非遗保护中心、项目执行团队汇报了2019年度国家级传承人记录工作组织实施情况，并就自评估过程中存在问题的整改情况进行了反馈。专家分组对2019年国家级非遗代表性传承人记录工作成果进行了评议验收。本次通查验收了5位国家级代表性传承人，共涉及4个地市、5个门类的非遗项目。

来源：广东省文化和旅游厅政府门户网站、中国非物质文化遗产网
中传云大数据平台相关信息共计22篇

《湖南省中医药"文化弘扬"工程实施方案（2021—2025年）》出台

10月18日，湖南省卫生健康委、省中医药管理局、省委宣传部、

省文化和旅游厅等联合印发《湖南省中医药"文化弘扬"工程实施方案（2021—2025年）》（以下简称《方案》）。《方案》明确，到2025年，湖南省将创建2—3个国家级中医药文化宣传教育基地，建设1—2个国家级中医药文化体验场馆，开展60—70次中医中药系列宣讲活动，举办3—5次湖南省中医药健康科普大赛，公民中医药健康文化素养水平力争达到28％。湖湘中医药文化弘扬机制初步建立，基础进一步夯实，"信中医、用中医、爱中医"氛围进一步浓郁，中医药文化源流更加清晰、内涵更加丰富、成果更加丰硕，中医药对湖湘文化传承发展的贡献度明显提高，中医药文化供给和群众性活动更加多样，中医药文化产业对全省文化产业贡献度进一步提高。

来源：《湖南日报》 湖南省文化和旅游厅供稿
中传云大数据平台相关信息共计489篇

北京市举办街道乡镇非遗保护管理工作人员培训班

10月18日，北京市文化和旅游局主办的北京市街道乡镇非遗保护管理工作人员培训班正式开班。本次培训班为期5天，来自东城区、西城区、朝阳区、海淀区、石景山区的街道乡镇非遗保护管理工作人员100余人参加培训。这是北京市首次面向街道、乡镇非遗保护管理工作人员举办培训班。培训邀请文化和旅游部非遗司相关负责人、业内专家学者，重点围绕非遗政策法规、非遗数字化保护、"非遗＋文创"、"非遗进社区"、"非遗进校园"等方面授课，同时设置案例分享、现场教学、非遗主题沙龙等活动，全面提升北京市基层非遗保护管理工作人员的理论素养和业务水平。

来源：北京市文化和旅游局政府门户网站
中传云大数据平台相关信息共计39篇

看见手艺计划"黄河流域非遗守护人"活动在河南禹州举办

10月20日，由河南省文化和旅游厅、黄河水利委员会新闻宣传出版中心指导，河南省非物质文化遗产保护中心、黄河博物馆、《黄河 黄土 黄种人》杂志社与抖音电商联合主办的"看见手艺计划'黄河

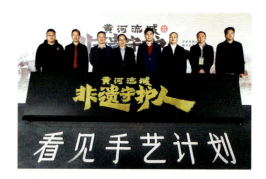

活动现场

流域非遗守护人'"活动在河南禹州举行。活动通过城市合作、专项活动等方式，利用短视频和直播电商，推动黄河流域非遗创新性发展，助力黄河流域非遗传承与保护。活动中，来自黄河流域9省（区）的手艺人，有4950人通过抖音电商获得了收入，其中有262位月入超10万元，527位月入过万。

来源：人民网、中国非物质文化遗产网、"河南非遗"微信公众号
中传云大数据平台相关信息共计573篇

西藏自治区非遗精彩亮相"外交部西藏全球推介活动"

10月20日,"外交部西藏全球推介活动"在蓝厅举办。西藏自治区精心挑选了80余组200余件展品及藏医药、唐卡、藏香、藏文书法和拉孜堆谐等项目在非遗展厅进行了展示展演。活动受到国家和自治区各级领导以及各国驻华大使的高度赞誉。西藏非遗展用最具地方特色的非遗资源,让世界各地观众感受到西藏传统文化的独特魅力,进一步扩大了西藏非遗的影响力,促进了西藏非遗"走出去"。

外国驻华大使代表驻足欣赏国家级非物质文化遗产代表性项目拉孜堆谐

外国驻华大使代表欣赏唐卡绘制展示现场

来源:西藏日报、西藏广播电视台、西藏卫视中传云大数据平台相关信息共计32篇

西藏自治区完成30名国家级非遗代表性传承人记录工作

10月26日,西藏自治区文化厅完成了古格宣舞传承人卓嘎、唐卡嘎

玛嘎赤画派传承人嘎玛德来记录工作中期审查,并上报文化和旅游部进行验收。至此,自2016年开展60岁以上国家级非遗代表性传承人记录工作以来,西藏已完成30名国家级非遗代表性传承人的记录工作。

来源:中国非物质文化遗产网
中传云大数据平台相关信息共计232篇

山东省公布非遗主题旅游线路、非遗旅游体验基地名单

10月27日,山东省公布非遗主题旅游线路、非遗旅游体验基地名单。为贯彻落实中共中央办公厅、国务院办公厅《关于进一步加强非物质文化遗产保护工作的意见》,促进

山东宏济堂中医药文化产业园

非遗与旅游融合发展,山东省文化和旅游厅启动了全省非遗主题旅游线路、非遗旅游体验基地评选工作。经各地申报、专家评审、公示等环节,共推出黄河入海非遗之旅、鲁风运河非遗之旅、齐长城非遗之旅等10条山东省非遗主题旅游线路,认定济南百花洲历史文化街区、山东宏济堂中医药文化产业园、青岛胶东非物质文化遗产博物馆等15个基地为山东省非遗旅游体验基地。

来源:"海报新闻"客户端、中国非物质文化遗产网
中传云大数据平台相关信息共计279篇

山东省创建一批省级文化生态名村名镇

10月27日，山东省文化和旅游厅公布济南市章丘区石匣村等10个村（社区）为山东省文化生态名村，济南市长清区张夏街道等10个镇（街道）为山东省文化生态名镇。此次公布的山东省文化生态名村、名镇整体呈现出非遗资源主题突出、示范带动作用显著、项目保护传承有效、非遗旅游有机融合、文化生态保护得力等特点，将进一步夯实全省非遗区域性整体保护基础，强化非遗保护传承与美丽乡村建设、农耕文化保护、新型城镇化建设相结合，化资源优势为产业优势、致富渠道、乡村亮点，涵养文化生态，以实际行动推动乡村振兴。

来源："海报新闻"客户端、大众网
中传云大数据平台相关信息共计131篇

青海省举办"青绣"就业工坊及重点企业负责人专题培训班

10月28日，青海省举办第二期"青绣"就业工坊及重点企业负责人专题培训班。全省31家省级"青绣"就业工坊和20家"青绣"重点企业负责人共88人参加培训。本次培训旨在贯彻落实青海省委、省政府"青绣"提升"八个一"工程战略部署，推动落实《"青绣"提升三年行动计划（2021—2023年）》，强化"青绣"工坊、企业队伍建设。培训课程设置突出针对性、实用性、有效性，重点围绕非遗法律法规政策解读，非遗就业工坊认定与管理政策实施、"青绣"产品设计与研发、企业运营与管理等课程进行，进一步加大了政策引导和业务指导。培训通过课堂教学、实地考察、座谈交流、非遗剧目展演等，极大丰富了教学内容，充分调动了学员的积极性，起到了较好的培训效果。

培训班参与人员合影

来源：青海省文化和旅游厅政府门户网站
中传云大数据平台相关信息共计136篇

云南省非遗保护与传承专题培训班在上海举办

10月29日，云南省非遗保护与传承专题培训班在上海开班。来自云南省非遗中心及各州市非遗业务骨干共50余人参加此次培训。培训采取课堂专题讲座、课外现场教学和对话座谈的形式，相关领域的专家教授分别围绕宏观政治经济分析、党性教育、非遗保护与传承等内容进行了讲授。参训的学员还与上海文化馆和上海非遗办同仁举行专题座谈会，分享了各自在非遗保护工作中取得的成果和经验，并就非遗进社区、进校园、非遗保护协会与传承人经费管理等话题展开讨论与交流。

来源：云南省非物质文化遗产保护网
中传云大数据平台相关信息共计854篇

11
月

"第七届两岸非物质文化遗产月"系列活动举办

11月8日，"守望精神家园——第七届两岸非物质文化遗产月"暨"美丽中华行"系列活动在台湾高雄佛光山佛陀纪念馆举办。本次活动由中华文化联谊会、海峡两岸旅游交流协会、山西省文化和旅游厅等单位共

活动开幕现场

同主办。中华文化联谊会、海峡两岸旅游交流协会会长张旭通过视频形式发布致辞。本次展览以三晋文化为主线，通过"实物＋图片＋视频"的方式，集中呈现山西传统手工技艺、传统美术、传统戏曲、山西曲艺等10个类别的非遗项目传承保护成果，其中长子响铜乐器、孝义木偶、剔犀等项目在台湾展示。主办方还推出体验工作坊，结合两岸专家教学与交流，让台湾同胞亲自动手感受山西非遗的精彩。

来源："新华社"客户端
中传云大数据平台相关信息共计1158篇

"妈祖文化生态保护与传承论坛"在福建莆田举办

11月1日，由福建省文化和旅游厅、莆田市人民政府主办的"第六届

世界妈祖文化论坛"的分论坛——"妈祖文化生态保护与传承论坛"在福建莆田湄洲岛举办。论坛上，相关专家就"非物质文化遗产的当代价值""关于庙会与祭典类非遗项目保护与传承的几点思考——以妈祖信俗为例""妈祖信仰与海洋文化生态保护区建设""丝路帆远万里行""妈祖文化保护传承的现状、困境与对策"等议题进行了分享交流。

来源：海峡网
中传云大数据平台相关信息共计128篇

第四届中国国际进口博览会新闻中心举办"非遗客厅"展示活动

11月4日至10日，在"第四届中国国际进口博览会"期间，上海市文化和旅游局、上海市人民政府新闻办公室在新闻中心举办"非遗客厅"展示活动。本届"非遗客厅"在往年"展示＋互动"的基础上，加大互动参与类项目比重，进一步突出观众的参与感、体验感。展区设计偏重江南家居

"非遗客厅"展示活动现场（一）

"非遗客厅"展示活动现场（二）

风格，力求通透、明快、简约，让中外媒体记者在这里"遇见非遗"，爱上中华优秀传统文化。"非遗客厅"空间结构以"海派家具制作技艺"为元素载体，将展区划分为"谈艺""匠心""茗香""霓裳"4个生活空间。其中，"谈艺""茗香"是"非遗客厅"首次同时设置的2个互动体验区，分别展示手工技艺类项目和茶艺香艺类项目。

来源："文汇"客户端、"海外网"官方账号
中传云大数据平台相关信息共计437篇

山东省新设立3个省级文化生态保护实验区

11月4日，为贯彻落实习近平总书记在深入推动黄河流域生态保护和高质量发展座谈会上的重要讲话精神，根据《山东省非物质文化遗产条例》有关规定，山东省新设立了黄河文化（东营）生态保护实验区、泉水文化生态保护实验

山东省文化和旅游厅调研组调研孙子文化（惠民）生态保护实验区

区、孙子文化（惠民）生态保护实验区3个省级文化生态保护实验区。截至目前，山东省省级文化生态保护实验区数量达到13个。

来源：山东省文化和旅游厅政府门户网站
中传云大数据平台相关信息共计581篇

山东省公布2021年全省"非遗进校园"优秀实践案例

11月4日，山东省文化和旅游厅公布2021年全省"非遗进校园"优秀实践案例。为推动非物质文化遗产融入国民教育体系，促进非物质文化遗产与教育深度融合，经各地申报、专家评审、公示等环节，山东省文化和旅游厅确

"中国梦·非遗行"文化传承系列公益活动进校园的探索与实践活动现场，济南市文化馆（济南市非物质文化遗产保护中心）供图

定"中国梦·非遗行"文化传承系列公益活动进校园的探索与实践、商河鼓子秧歌进校园实践案例、胶州秧歌进校园实践案例等10个案例为山东省"非遗进校园"典型实践案例，三铺龙拳进校园实践案例、黄盆窑陶器制作技艺进校园实践案例、烟台市福山区非遗项目进校园实践案例等10个案例为山东省"非遗进校园"优秀实践案例。

来源：山东省文化和旅游厅政府门户网站、济南市文化馆
中传云大数据平台相关信息共计716篇

潍坊市入选联合国教科文组织"创意城市网络——手工艺与民间艺术之都"

11月8日，联合国教科文组织通过其官方网站公布入选"创意城市网络"名单，全球49座城市获批加入"创意城市网络"，山东潍坊市入选并获"手工艺与民间艺术之都"称号。"创意城市网络"由联合国教科文组织在

潍坊荣膺"手工艺与民间艺术之都"新闻发布会现场，李舜摄

2004年10月发起成立，是全世界富有创造性的城市组成的网络联盟，共设有手工艺与民间艺术、媒体艺术、设计、电影、美食、文学和音乐7个创意领域。目前全球共有59个城市入选联合国教科文组织"创意城市网络——手工艺与民间艺术之都"，中国杭州、苏州、景德镇、潍坊先后入选。近年来，山东潍坊把非遗创意作为城市可持续发展的重要驱动力，不断加大创意人才培养力度，大力发展文化创意产业，着力打造手工艺与民间艺术产业链条，将潍坊建设成世界手工艺创意新高地。

来源：中国经济网、央广网、联合国教科文组织官方网站
中传云大数据平台相关信息共计154篇

淮安市入选联合国教科文组织"创意城市网络——美食之都"

11月8日，联合国教科文组织通过其官方网站公布入选"创意城市网络"名单，全球49座城市获批加入"创意城市网络"，江苏淮安入选"创意城市网络——美食之都"，成为继四川成都、广东顺德、澳门、江苏扬州之后，中国第5个入选的城市。"创意城市网络"由联合国教科文组织在2004年10月发起成立，是全世界富有创造性的城市组成的网络联盟，共设有手工艺与民间艺术、媒体艺术、设计、电影、美食、文学和音乐7个创意领域。淮安是淮扬菜的主要发源地、传承地之一，现存淮扬菜经典名菜名点1300余种，298道菜点烹饪技术入选江苏省省级非遗名录。

来源：中国侨网、联合国教科文组织官方网站
中传云大数据平台相关信息共计699篇

江西省公布景德镇手工制瓷技艺省级代表性传承团体成员名单

11月11日，江西省文化和旅游厅公布景德镇手工制瓷技艺省级代表性传承团体成员名单，共有李阳春、詹金发、杨勇等119人入选。为加强非物质文化遗产传承人队伍建设，景德镇市文化广电新闻出版旅游局组织开展了申报评审工作。经材料审核、专家评审、社会公示、厅长办公会审定，

同意认定景德镇手工制瓷技艺省级代表性传承团体，涵盖原料工艺类、成型工艺类、装饰工艺类、烧成工艺类、辅助类五个门类，共119人。

来源：江西省文化和旅游厅政府门户网站
中传云大数据平台相关信息共计67篇

《四川省级非物质文化遗产代表性传承人记录工作管理办法》出台

11月11日，四川省文化和旅游厅印发《四川省级非物质文化遗产代表性传承人记录工作管理办法》（以下简称《办法》），自2022年1月1日起施行。为进一步加强全省非遗调查记录体系建设，规范省级非物质文化遗产代表性传承人记录工作，四川省文化和旅游厅在系统总结近年来传承人记录工作经验的基础上，出台了《办法》。《办法》共十八条，从定义、实施要求、评估验收等六个方面对记录工作进行了规范，明确以60岁以上、健康状况不佳或者濒危项目的代表性传承人为重点，对省级非遗代表性传承人开展全面系统的记录。《办法》明确了相关单位职责任务以及记录工作全流程的方法程序、标准要求、检查验收等，并对记录成果的保管保存、知识产权、转化利用等方面的工作提出了要求。

来源：四川省文化和旅游厅政府门户网站
中传云大数据平台相关信息共计127篇

天津市公示第五批市级非物质文化遗产代表性项目名录推荐项目名单

11月15日，天津市公示第五批市级非物质文化遗产代表性项目名录推荐项目名单。根据《中华人民共和国非物质文化遗产法》和《天津市非物质文化遗产保护条例》的有关规定，天津市文化和旅游局开展了第五批市级非物质文化遗产代表性项目推荐申报工作。天津市文化和旅游局组织专家评审组对全市16个区推荐申报的153个项目进行了评审。第五批市级非物质文化遗产代表性项目专家评审委员会进行了审议，提出第五批市级非物质文化遗产代表性项目名录推荐项目108项，其中，新列入91项，扩展17项。

来源：天津市文化和旅游局政府门户网站
中传云大数据平台相关信息共计94篇

福建省举办闽台青年妈祖信俗研学体验营

11月15日，由福建省文化和旅游厅主办的福建省非物质文化遗产保护传承项目——闽台青年妈祖信俗研学体验营在莆田正式开幕。40名闽台青年走访莆田和泉州两地，以交流分享、文化参访、非遗体验等方式，充分了解和体验妈祖信俗，传承妈祖文化。本次研学营旨在搭建两岸文化交流新平台，促进闽台青年共探妈祖信俗渊源，以两岸青年喜闻乐见的形式，在活动中增进台湾青年对祖国大陆的深入了解，推动妈祖信俗文化在海峡两岸青年交流中向更宽领域、更高层次发展，提升福建省非物质文化遗产在未来青年建设者心中的影响力。

来源：人民网
中传云大数据平台相关信息共计354篇

福建省举办"海丝文化云端展演"活动

11月16日，由福建省人民政府新闻办公室、福建省对外文化交流协会联合主办的"海丝文化云端展演"活动举办。展演由"福建海丝非遗"数字展馆启动仪式和"千年海丝之约共话非遗之美"云端演出组成，突出"云交流"和国际传播特色。展演现场通过福建日报社全媒体、东南网等平台向全球直播，并组织邀请数十个国家华侨华人及国际友人收看直播。本次活动是深入推进21世纪海上丝绸之路核心区建设的重要实践，也是对外讲好中国故事、传播福建声音、展现海丝文化风采的重要平台。出席活动的海外侨领、国际友人纷纷表示，节目精彩呈现福建的海丝文化特色以及非物质文化遗产，闽茶制作、客家山歌、高甲戏、脱胎漆器等展示，让他们感受到了福建的人文之美和海丝文化底蕴，增进了他们对中华优秀传统文化的了解。

来源：《福建日报》、人民网
中传云大数据平台相关信息共计176篇

闽南文化生态保护区会商交流会在漳州举行

11月16日至17日，闽南文化生态保护区会商交流会在漳州举行。会上，来自厦门、漳州、泉州三市文化和旅游局相关工作人员就各片区做法、成效、经验和2022年工作计划展开交流。会议还邀请中国艺术研究院中国非物质文化遗产保护中心研究人员详细解读中共中央办公厅、国务院办公厅印发的《关于进一步加强非物质文化遗产保护工作的意见》，点评闽南文化生态保护工作的相关成功案例。与会人员还实地考察了闽南文化（漳州）生态区，参观了漳州市实验小学非遗传习基地、古城记忆馆、漳州灯谜艺术馆、布袋木偶戏表演展示馆、片仔癀博物馆、漳州市艺术馆等。与会人员表示将认真贯彻《国家级文化生态保护区建设管理办法》、福建省《闽南文化生态保护区总体规划》等法规规章和政策文件精神，不断深化对闽南文化生态整体保护的认识，坚持推动优秀传统文化创造性转化、创新性发展，持续推动闽南文化生态保护区的建设。

来源：《漳州广播电视报》
中传云大数据平台相关信息共计21篇

《安徽省省级非物质文化遗产代表性传承人认定与管理办法》出台

11月17日，为健全非遗保护传承体系，增强非遗存续活力和实践能力，加强省级非遗代表性传承人的评估管理，提升省级非遗代表性传承人队伍整体水平，安徽省文化和旅游厅出台《安徽省省级非物质文化遗产代表性传承人认定与管理办法》（以下简称《办法》）。《办法》共二十七条，针对省级传承人的申报程序、享有的权利和履行的义务等内容作出了详细的说明。

来源：安徽省文化和旅游厅政府门户网站
中传云大数据平台相关信息共计472篇

福建省非遗保护工作队伍培训班在漳州举办

11月17日至19日，由福建省文化和旅游厅主办的2021年福建省非遗保护工作队伍培训班在漳州举办。福建九个设区市、平潭综合实验区文化和旅游局分管领导，非遗处（科）、非遗保护中心负责人和从事非遗保护工作的业务骨干们参加了培训。培训班邀请了国家级、省级有关非遗项目评审专家和研究人员讲授了文化生态保护区建设、非物质文化遗产保护理念、传统文化及非遗代表性项目、传承人和专项资金的申报与管理等方面的内容，并组织学员进行了现场教学与交流互动。

来源："福建省非遗博览苑"微信公众号
中传云大数据平台相关信息共计30篇

湖南省公示第五批省级非物质文化遗产代表性项目名录推荐项目名单

11月17日，湖南省公示了第五批省级非物质文化遗产代表性项目名录推荐项目名单、省级非物质文化遗产代表性项目名录扩展项目推荐名单。2021年3月，湖南省文化和旅游厅开展了第五批省级非物质文化遗产代表性项目申报工作。10月至11月，湖南省文化和旅游厅组织专家对全省14个市州和省直单位申报的136个项目进行了评审。第五批省级非物质文化遗产代表性项目评审委员会、湖南省文化和旅游厅党组对专家评审情况进行了审议，提出湖南省第五批省级非物质文化遗产代表性项目名录推荐项目104项，其中新增54项，扩展50项。一大批历史厚重、价值突出、特色鲜明的优质项目进入省级名录，实现了"增数量""优结构"双提升。

来源：湖南省文化和旅游厅政府门户网站
中传云大数据平台相关信息共计517篇

《走近兵团"非遗"》系列节目播出　着力讲好兵团非遗保护传承故事

11月17日，由兵团日报社和新疆生产建设兵团文化体育广电和旅游局联合打造的《走近兵团"非遗"》系列节目，在兵团日报"团炬"客户端开播。首期节目讲述的是兵团辖区内国家级非遗项目迷糊戏的历史发展文脉和当前保护传承故事。迷糊戏于2008年入选第二批国家级非物质文化遗产名录，是新疆别具一格的民间乡土弹唱、说唱艺术，在新疆已有百余年历史。兵团现有国家级非遗项目7个、兵团级非遗项目23个、师市级非遗项目40个，逐步形成了以屯垦文学、屯垦歌谣、屯垦故事、军垦鼓艺、军垦剪纸等红色非遗为核心，以维吾尔族模制法土陶烧制技艺、哈萨克族毡绣和布绣、柯尔克孜族毡帽制作技艺等传统技艺类为特色的非遗名录体系。后续更新的《走近兵团"非遗"》系列节目陆续向各族群众推介兵团各级非遗项目，着力讲好兵团非遗保护传承故事。

来源：中华人民共和国文化和旅游部政府门户网站
中传云大数据平台相关信息共计11篇

"2021'浙江好腔调'全省传统戏剧展演系列活动"线上启动

11月18日，由浙江省文化和旅游厅主办，浙江省非物质文化遗产保护中心承办的"2021'浙江好腔调'全省传统戏剧展演系列活动"在线上启动。此次展演以"百年百戏展初心，梨园逢春传雅韵"为主题，分为"百年传承·守正创新"展示篇、"春华秋实·勇往直前"访谈篇、"绝技绝活·大放异彩"炫技篇和"立德树人·继往开来"传承篇四部分，分别展示传统戏剧项目的优秀剧目，剧团管理者和传承人的访谈，传统戏剧的绝技绝活以及青年传承人的事业理想和精神风貌，58个传统戏剧类非遗项目的精彩视频，以H5小程序的形式上线播出。此外，活动还邀请了5位"梅花奖"得主和2位"白玉兰戏剧主角奖"得主，参加"国色天香·非遗绽放"的专场展演。从2014年开始，浙江省连续七年开展了"浙江好腔调"系列活动，为推进浙江传统戏剧类非遗项目的保护发挥了积极的作用。

来源："新华社"客户端、《人民日报》、新华网
中传云大数据平台相关信息共计368篇

山东省举办打响"孔府"金字招牌研讨交流活动

11月18日，打响"孔府"金字招牌研讨交流活动在曲阜市举办。来自山东工艺美术学院等高校的专家学者，与"孔府"有关的非遗项目保护单位负责人、传承人参加了活动。活动总结了前期工作的推进情况，分析面临的

打响"孔府"金字招牌研讨交流活动现场

问题，就进一步打响"孔府"金字招牌，进行具体部署。山东省文化和旅游厅会同济宁市、曲阜市人民政府及有关部门，积极推动打响"孔府"金字招牌工作，特别是进一步加大与"孔府"有关的文旅资源特别是非遗资源的扶持力度，仅2021年，对"祭孔大典""孔府菜烹饪技艺"等项目争取非遗保护专项补助资金近50万元。济宁市将打响"孔府"金字招牌工作作为2022年山东省旅游发展大会的一项重要内容，在资金、人才等方面给予倾斜。

来源："海报新闻"客户端、齐鲁网、中国网·新山东
中传云大数据平台相关信息共计121篇

"百年流光 艺剪枫采——2021年'枫林杯'上海市剪纸邀请赛颁奖仪式暨优秀作品展"举办

11月19日，由上海市非物质文化遗产保护中心等单位主办的"百年流光 艺剪枫采——2021年'枫林杯'上海市剪纸邀请赛颁奖仪式暨优秀作品展"在上海市群众艺术馆举行。此次展览共计展出作品90幅，分为红色历程、美好生活、时代新貌三大板块，集中呈现中国共产党百年顽强奋斗的恢宏画卷，抒写中国共产党领导人民开天辟地的经典篇章。作品将红色记忆与海派建筑相串联，传统与现代表达形式相融合，兼具主题性和观赏性，体现了上海文化特质和地域艺术特色。

来源:《新民晚报》、中国文化传媒网
中传云大数据平台相关信息共计185篇

山东省公布第五批省级非遗代表性项目名录

11月21日，山东省人民政府公布第五批省级非遗代表性项目名录，其中包括第五批省级非遗代表性项目95项，扩展项目74项。项目名录涵盖民间文学，传统音乐，传统舞蹈，传统戏剧，曲艺，传统体育、游艺与杂技，

民俗类入选项目趵突泉新春花灯会"龙腾泉城"灯组

传统美术，传统技艺，传统医药，民俗等十大门类。

来源：新华网、山东省文化和旅游厅政府门户网站、大众网
中传云大数据平台相关信息共计950篇

上海市公布第一批非遗传承人社区传承工作室名单

11月22日，为了不断增强非遗在现代城市各层级，尤其是基层社区中的传承传播活力，上海市公布第一批非遗项目代表性传承人社区传承工作室名单，庄金生芦苇编织技艺保护传承工作室、浦东说书传承团体保护传承工作室、何冬梅海派绒绣保护传承工作室等100家单位入选。社区工作室由上海非遗项目代表性传承人与相关各社区文化活动中心签约成立，上海市群众艺术馆（上海市非物质文化遗产保护中心）协同各区文化馆和非物质文化遗产保护分中心负责社区工作室的设立、管理，以及相应的业务工作指导。

来源：澎湃新闻、中国非物质文化遗产网
中传云大数据平台相关信息共计64篇

四川省公布第七批省级非遗代表性传承人名单

11月22日，四川省文化和旅游厅按照各地推荐申报、专家评审委员

会评审、社会公示等程序，确定并公布四川省第七批省级非遗代表性传承人名单。本次省级非遗代表性传承人共有308人，其中包括民间文学类13人，传统音乐类33人，传统舞蹈类37人，传统戏剧类36人，曲艺类11人，传统体育、游艺与杂技类7人，传统美术类36人，传统技艺类92人，传统医药类19人，民俗类24人。"苏东坡传说""大禹的传说""卓文君与司马相如的故事"等民间文学的传承人均入选。截至日前，四川省国家级非遗代表性传承人共107人，省级非遗代表性传承人共1072人。

来源：四川省文化和旅游厅政府门户网站、封面新闻官方网站
中传云大数据平台相关信息共计230篇

安徽省设立宣纸文化生态保护区

11月24日，宣城市召开新闻发布会，通报宣纸文化生态保护区获批设立的相关情况。11月15日，安徽省文化和旅游厅为加强宣纸文化的区域性整体保护，正式批复设立安徽省省级文化生态保护区——宣纸文化生态保护区。宣纸制作技艺于2006年入选首批国家级非遗代表性项目名录，2009年被联合国教科文组织列入人类口头和非物质文化遗产代表作名录。宣纸文化生态保护区以现泾县行政区域为核心区域，对宣纸文化和相关文化遗产及与之相依存的自然资源进行整体性保护，推动中华优秀传统文化创造性转化、创新性发展，构建保护与传承的良好生态空间，从而实现宣纸文化的可持续发展和保护成果的民众共享。宣纸文化生态保护区核心区（泾县）内共有各级非遗代表性项目84项，其中省级以上11项，各

级非遗代表性传承人130余名，国家级非遗生产性保护示范基地1个。

来源：新华网
中传云大数据平台相关信息共计643篇

湖南省举办"首届长株潭三市大学生传统工艺创新创意大赛"

11月24日，由湖南省文化和旅游厅、湖南省教育厅指导，长沙市文化旅游广电局、株洲市文化旅游广电体育局、湘潭市文化旅游广电体育局联合主办的以"创新艺·造青春"为主题的"2021

获奖作品石鼓油纸伞设计展示，大赛组委会供图

年首届长株潭三市大学生传统工艺创新创意大赛"颁奖典礼在长沙举行。《石鼓油纸伞（省级非遗）伞面设计与油纸伞包装设计》等22件作品分别获得实物创新组和ID设计组金、银、铜奖及优秀奖奖杯。颁奖仪式现场，《石鼓油纸伞（省级非遗）伞面设计与油纸伞包装设计》等两件作品分别与相关公司签订了设计作品落地转化协议。

来源："新湖南"客户端、《长沙晚报》
中传云大数据平台相关信息共计302篇

"青海省非物质文化遗产精品展"举办

11月24日，由青海省文化和旅游厅、青海省文物局主办的"青海省非物质文化遗产精品展"在青海省博物馆开展。本次展览分为河湟神韵、民族风情、文化生态保护区三大板块，突出独具青海鲜明地域和民族特色的非遗代表性项目，

"青海省非物质文化遗产精品展"展厅现场

涉及民间文学，传统美术，传统音乐，传统舞蹈，传统戏剧，曲艺，传统技艺，传统医药，民俗，传统体育、游艺与杂技等门类，共计展出190套（640件）非遗作品，通过实物展示、图板介绍、活态展演、场景还原、多媒体展示、互动体验等方式，全方位、多角度向社会公众展示近年来青海非遗保护传承发展成果。

来源：青海省文化和旅游厅政府门户网站
中传云大数据平台相关信息共计2079篇

内蒙古自治区举行"2021年度国家级、自治区级非遗代表性传承人签订目标责任书、发放传习补贴仪式暨座谈会"

11月25日，由内蒙古自治区文化和旅游厅主办，内蒙古自治区艺术研

究院（内蒙古自治区非物质文化遗产保护中心）承办的"2021年度国家级、自治区级非遗代表性传承人签订目标责任书、发放传习补贴仪式暨座谈会"在呼和浩特举办。会上，内蒙古自治区文化和旅游厅有关负责人对国家级、自治区级非遗代表性传承人的认定和管理、考核与评估以及非遗传承人群的研修研培计划等方面进行了具体的讲解，通报了自治区非遗保护情况，为马头琴音乐项目自治区级传承人齐布日古德、秀鲁格道项目自治区级传承人旺登、搏克项目自治区级传承人乌力吉吉日嘎拉、哈尼卡项目自治区级传承人海燕4位新晋的区七批传承人颁发了传承人挂徽、绶带及证书。

来源：内蒙古自治区文化和旅游厅政府门户网站
中传云大数据平台相关信息共计16篇

"首届中国（武汉）文化旅游博览会"设立特色非遗展区

11月26日至28日，"首届中国（武汉）文化旅游博览会"在武汉举办。文旅博览会特色非遗展区，以"非遗·点亮美好生活"为设计主题，从全国范围内遴选了楚式漆器（湖北）、青铜编钟（湖北）、苏绣（江苏）、宜兴紫砂陶（江苏）、长盛川青砖茶（湖

"首届中国（武汉）文化旅游博览会"现场

北）、苗族蜡染（贵州）、铜雕（浙江）、徐州香包（江苏）、东阳木雕（浙江）、徽州竹刻（安徽）十个品牌影响大、贴近生活紧、市场效益好、现场

互动强的非遗项目参展，展示了独特的东方神韵、深厚的文化底蕴、精湛的传统技艺，吸引全国各地12万余人次参观。

来源：武汉广播电视台新闻综合广播
中传云大数据平台相关信息共计1152篇

陕西省立法保护传承发展秦腔艺术

11月26日，陕西省第十三届人大常委会第二十九次会议通过了《陕西省秦腔艺术保护传承发展条例》（以下简称《条例》），对秦腔艺术的保护传承、人才培养、创新发展和保障措施等进行规范。秦腔艺术是中华民族优秀文化瑰宝，是首批列入国家非物质文化遗产名录的保护和传承项目。《条例》规定，秦腔艺术保护传承对象，包括下列具有历史、美学、艺术价值的秦腔传统文化表现形式以及相关的实物、场所：秦腔艺术的代表性剧目、流派、唱腔、方言、音乐和传统表演技艺及相关知识产权；与秦腔艺术相关的乐器、服饰、道具等制作技艺；与秦腔艺术相关的历史性建筑设施、文献档案、影音资料、器具实物；秦腔艺术特有的传统习俗；与秦腔艺术相关的其他需要保护传承的对象。

来源："新华社"客户端
中传云大数据平台相关信息共计1613篇

青海省非遗保护中心组织开展2019—2020年度国家级非物质文化遗产代表性传承人传承活动评估工作

11月26日，青海省非物质文化遗产保护中心组织开展2019—2020年度国家级非物质文化遗产代表性传承人传承活动评估工作，共涉及国家级代表性传承人72人。评估工作分为传承人自评、部门

评估工作现场

评估、实地考察评估等三个阶段进行，为期3个月，主要对传承人2019—2020年度开展传承活动、培养后继人才、妥善保存相关实物资料、配合文化和旅游部门及其他有关部门进行非遗调查、参与非物质文化遗产公益性宣传、传承补助经费使用情况等相关情况进行全面评估。通过评估，最终评定夏吾角、尼玛才让、周邦辉等14位传承人为优秀，刘延彪、张宪忠、李先加等58名传承人为合格。

来源：青海省文化和旅游厅政府门户网站
中传云大数据平台相关信息共计109篇

宁夏回族自治区开展第六批自治区级非物质文化遗产代表性传承人评审工作

11月29日，宁夏回族自治区文化和旅游厅组织开展第六批自治区级非物质文化遗产代表性传承人评审工作。按照传承人传承项目类别，宁夏回族自治区文化和旅游厅组织成立六个评审小组，评审小组成员由公共服务和非遗处、宁夏文化馆（非遗保护中心）19名工作人员和自治区非遗专家库27名专家组成。评审采取观看申报片、查阅申报资料、专家讨论、现场打分排名的方式进行，每个评审小组形成评审意见和建议，经评审领导小组审议后提出拟列入自治区级代表性传承人名单。监审组对评审现场进行全程监督，工作人员对评审过程拍照记录。按照推荐申报条件和推荐申报范围，自治区非遗保护中心对申报材料进行了初审，经宁夏回族自治区文化和旅游厅公共服务和非遗处复核，205人符合评审条件。

评估工作培训会现场

各评审组工作现场

来源："宁夏回族自治区文化馆"微信公众号
中传云大数据平台相关信息共计39篇

《湖南省中医药"产业振兴"工程实施方案（2021—2025年）》出台

11月30日，湖南省卫健委、省中医药管理局、省发改委、省文化和旅游厅等13部门联合印发《湖南省中医药"产业振兴"工程实施方案（2021—2025年）》（以下简称《方案》）。《方案》提出，湖南省将瞄准"中医药强省"建设目标，推动中医药产业转型升级，到2025年，实现中医药产业跻身成为湖南经济发展的特色支柱产业之一。

来源：《湖南日报》
中传云大数据平台相关信息共计583篇

12
月

文化和旅游部持续推动非遗工坊建设助力乡村振兴

12月7日，为深入贯彻习近平总书记关于非物质文化遗产保护重要指示批示精神，落实党中央、国务院关于扎实做好巩固拓展脱贫攻坚成果同乡村振兴有效衔接的工作部署，根据中共中央办公厅、国务院办公厅印发的《关于进一步加强非物质文化遗产保护工作的意见》有关要求，文化和旅游部办公厅、人力资源社会保障部办公厅、国家乡村振兴局综合司联合印发《关于持续推动非遗工坊建设助力乡村振兴的通知》（以下简称《通知》）。

《通知》明确脱贫攻坚任务完成后，非遗扶贫就业工坊更名为非遗工坊。提出非遗工坊以国家乡村振兴重点帮扶县、易地扶贫搬迁安置区为重点，以脱贫人口、监测帮扶对象为重点开展建设。确定非遗工坊的认定责任落在县域，切实打通非遗工坊建设的"最后一公里"。

来源：中国政府网
中传云大数据平台相关信息共计514篇

文化和旅游部发布公告取消乔月亮等5人国家级非遗代表性传承人资格

12月13日，文化和旅游部发布通知，根据《中华人民共和国非物质文化遗产法》和《国家级非物质文化遗产代表性传承人认定与管理办法》（文化和旅游部令第3号）第二十二条第四项规定，文化和旅游部决定取消乔月亮、许冬瑾、江亮根、袁仁国、罗晓云等5人国家级非物质文化遗产代表性传承人资格。

来源：中华人民共和国文化和旅游部政府门户网站
中传云大数据平台相关信息共计97篇

"联合国教科文组织保护非遗政府间委员会年度会议"线上举行

12月13日至18日，"联合国教科文组织保护非物质文化遗产政府间委员会年度会议"在线上举行。政府间委员会由《保护非物质文化遗产公约》180个缔约国选出的24名代表组成。会议审议了缔约国提交的55项新增遗产项目申请。2021年，政府间委员会首次将来自刚果（布）、丹麦、海地、冰岛、密克罗尼西亚、黑山、刚果（金）、塞舌尔和东帝汶的遗产项目列入代表作名录。最终，政府间委员会审议通过了共计46个项目入选联合国教科文组织非物质文化遗产名录（名册）。

来源：联合国教科文组织官方网站
中传云大数据平台相关信息共计12篇

"2021中国原生民歌节"在重庆举办

12月17日至19日,由文化和旅游部、重庆市人民政府共同主办,文化和旅游部民族民间文艺发展中心、重庆市文化和旅游发展委员会、黔江区人民政府、石柱土家族自治县人民政府、彭水苗族土家族自治县人民政府承办的"2021中国原生民歌节"在重庆举办。19日,文化和旅游部党组成员、副部长饶权出席闭幕式并观看现场展演。

"2021中国原生民歌节"采取"压缩活动规模和线上线下结合"的方式进行,主要活动有开幕式演出、原生民歌展演、原生民歌专题学术研讨会(线上)、原生民歌进景区、中国民歌专题文献特展(线上)和闭幕式演出等六大主体内容。全国31个省(市、自治区)积极推荐249个(组)展演节目,经组织遴选,共有38支展演队伍参与展演,包含各级非遗代表性传承人42人。展演节目包括田歌、山歌、号子、渔歌、小调及少数民族传统民歌等,涉及各级非遗代表性项目37个。活动期间,在64个4A级以上旅游景区开展70余场原生民歌进景区活动,带动原生民歌及传统音乐的普及推广,促进非遗与旅游深度融合。

活动组委会还面向全国开展原生民歌论文征集活动,共征集到相关学术研究文章70余篇,从中遴选出28篇优秀论文编辑出版《原生民歌的传承与发展——2021中国原生民歌节学术研讨会论文

"2021中国原生民歌节"活动现场

集》。重庆图书馆在官方网站上推出中国民歌专题文献特展，展出中国民歌及传统音乐文献资料220余种，配图400余幅，集文、史、图、谱、器、声、像于一体，通过线上展览方便观众认识了解中国民歌的发展脉络以及分布特点。

来源："新华社"客户端、中华人民共和国文化和旅游部政府门户网站、"文旅中国"客户端
中传云大数据平台相关信息共计160篇

"2021年二十四节气保护传承工作年会暨二十四节气保护传承联盟理事会"在北京召开

12月18日，"2021年二十四节气保护传承工作年会暨二十四节气保护传承联盟理事会"在中国农业博物馆召开，来自农业农村部、文化和旅游部相关司局单位的负责同志，二十四节气代表性社区和保护传承联盟成员单位负责同志共计约200人参加会议。

自2016年二十四节气被联合国教科文组织列为人类非物质文化遗产代表作以来，在文化和旅游部、农业农村部的高度重视和有力指导下，中国农业博物馆牵头组织中国民俗学会、代表性社区等有关方面，创新保护传承工作机制体制，形成"3+N"工作模式，即一年一个计划、一年一次会议、一年一份报告，开展多项保护传承工作，形成了全社会力量共同参与、共同传播的良好氛围和可喜局面。

会议以"不忘来时路 再启新征程——构建二十四节气传承发展新格局"为主题，采取线上线下相结合的方式，座谈交流各地二十四节气保护

传承工作以及学术研究进展，研讨今后五年（2022—2026）工作计划。会上同时发布了2021—2022年度二十四节气保护传承开放课题立项名单、第二届二十四节气文化作品设计大赛获奖名单。

来源：中国农业博物馆官方网站
中传云大数据平台相关信息共计48篇

贵州省举办"2021年贵州技能大赛——非遗技能大赛"

12月1日至3日，由贵州省文化和旅游厅、贵州省人力资源和社会保障厅、贵州省总工会联合主办的"2021年贵州技能大赛——非遗技能大赛"决赛在黔东南苗族侗族自治州雷山县西江千户苗寨举办。本届大赛以"振兴传统工艺、融入现代生活"为主题，设银匠工组、剪纸工组、苗绣工组、蜡染工组、芦笙制作工组5个竞赛组别，共113名选手通过初赛进入本次决赛进行角逐。比赛中，选手们全面展示了各自的优秀作品及技艺。评审专家按照主题明确、特色突出、技艺水平高等方面的标准，最终评出一等奖5人、二等奖10人、三等奖15人、优秀奖38人。

来源：《中国旅游报》
中传云大数据平台相关信息共计528篇

甘肃省组织召开《甘肃省非物质文化遗产条例》修订工作专家咨询会

12月2日，甘肃省文化和旅游厅组织召开了《甘肃省非物质文化遗产条例》（以下简称《条例》）修订工作专家咨询会。2021年恰逢《中华人民共和国非物质文化遗产法》颁布十周年。十年来，在国家法律

专家咨询会现场

和省级条例的规范下，甘肃省非物质文化遗产保护、传承、弘扬等得到了迅猛发展。会议听取了《条例》修订的背景及具体内容、参考依据等的工作汇报。非遗领域专家、非物质文化遗产代表性项目保护单位及代表性传承人、甘肃省人大科教文卫委员会、省司法厅等部门有关同志列会指导。

来源：甘肃省文化和旅游厅政府门户网站
中传云大数据平台相关信息共计74篇

"庆祝中国共产党成立100周年系列活动之云南百年手艺邀请展"在昆明举办

12月3日至12日，云南省非物质文化遗产保护中心、云南省文化馆

联合主办的"庆祝中国共产党成立100周年系列活动之云南百年手艺邀请展"在昆明举办。本次展览分静态与活态两种形式，静态展览展出了全省90位传统美术、传统技艺类非物质文化遗产项目代表性传承人潜心创作的100件作品，活态展览展示了嵩明面塑、彝族刺绣、剪纸、东巴文书写艺术、白族扎染等五项非遗技艺，展现出云南非物质文化遗产的深厚底蕴与璀璨魅力，歌颂了中国共产党历久弥坚的初心使命，彰显了人民群众对中国共产党的深情厚爱。

来源："开屏新闻"客户端
中传云大数据平台相关信息共计17篇

"中马'送王船'联合申遗成功一周年暨厦门'城市与海洋'——闽南文化论坛"在厦门举行

12月4日，"中马'送王船'联合申遗成功一周年暨厦门'城市与海洋'——闽南文化论坛"举行。文化和旅游部、福建省文化和旅游厅、福建省闽南文化研究会、厦门市委宣传部、厦门市文化和旅游局等有关领导，以及来自厦门、漳州、泉州等地的数十位闽南文化专家和近200位闽南文化爱好者参加了本次论坛。论坛上，专家学者们围绕"城市与海洋"的主题，从历史发展、海洋精神、当代研究等不同角度，共同探索海洋文化视角下的城市新发展理念。2020年12月，我国与马来西亚联合申报的"送王船——有关人与海洋可持续联系的仪式及相关实践"，经委员会评审通过，列入联合国教科文组织人类非物质文化遗产代表作名录，该项目是首个我国和"一带一路"沿线国家联合申遗成功的项目。

来源：人民网
中传云大数据平台相关信息共计253篇

黑龙江省公布首批省级非遗就业工坊名单

12月6日，黑龙江省文化和旅游厅、黑龙江省乡村振兴局联合公布首批省级非遗就业工坊名单，大庆老街基农副产品有限公司老街基非遗就业工坊、同江市圆梦技能培训中心就业工坊、同江市王家康非遗就业工坊、北安乌鱼绣非遗就业工坊被认定为首批省级非遗就业工坊。截至12月，黑龙江省共建设市县级非遗就业工坊25家，31个项目参与其中，已开展贫困学员技能培训389期，培训人员达6095人次，产品数量400余万件、重量50余万吨，人均月增收2000多元。

来源：中国新闻网
中传云大数据平台相关信息共计187篇

河北省举办"多彩非遗　壮美长城"非遗作品主题展

12月7日，由河北省群众艺术馆（河北省非遗保护中心）主办的"'多彩非遗　壮美长城'河北省非遗作品主题展"开展。展览展出了"多彩非遗壮美长城"非遗作品主题创作征集活动征集的优秀作品。征集活动中，广大传承人以长城文化、红色精神为主题，精心创作了优秀非遗主题作品300多件（组），涵盖了砚雕、木雕、铜雕、蛋雕、石影雕、铁板浮雕、刺绣、剪纸、内画、烙画、布糊画、金石博古画等近100个非遗项目。

"'多彩非遗 壮美长城'河北省非遗作品主题展"现场

来源：人民网、"河北非物质文化遗产"微信公众号
中传云大数据平台相关信息共计322篇

山东省举办非遗助力乡村振兴培训交流活动

12月8日至10日，由山东省文化和旅游厅主办的山东省非遗助力乡村振兴培训交流活动在日照举办。山东省文化和旅游厅、省非遗保护中心有关负责同志，各市文化和旅游局相关领导，省"非遗助力脱贫、推动乡村

培训交流活动现场

振兴"典型乡镇代表，省级文化生态名村、名镇代表，山东财经大学等有关专家约70人参加培训交流。活动总结了全省非遗助力乡村振兴的做法，分析了存在的问题，对打造非遗助力乡村振兴的齐鲁样板进行部署。下一步，山东省文化和旅游厅将在摸清乡村非遗资源底数、建立乡村非遗项目名录体系、完善乡村非遗代表性传承人制度、建设乡村非遗传承体验设施、

推进乡村非遗区域性整体保护、推动非遗就业工坊建设，促进乡村非遗与旅游融合发展、健全乡村非遗理论研究体系等方面狠下功夫，着力打造非遗助力乡村振兴的齐鲁样板。

来源：人民网、"齐鲁壹点"客户端、大众网
中传云大数据平台相关信息共计121篇

青海省召开"学习贯彻《青海省非物质文化遗产条例》座谈会"

12月8日，青海省文化和旅游厅组织召开全省"学习贯彻《青海省非物质文化遗产条例》（以下简称《条例》）座谈会"，青海省人大法工委、教科文卫委，省非遗协调机制成员单位、各市（州）文化和旅游局，省、市非遗保护中心，项目保护单位负责

座谈会现场

人，省内非遗专家、研培院校、行业协会、传承人代表等50余人参加座谈会。与会人员结合各自实际，围绕《条例》所确立的宗旨、原则、职能、基本制度等，就如何发挥好非遗保护、传承、合理利用及管理工作中的重要作用作了交流发言，进一步明确了依法做好当前及今后一个时期非遗保护传承弘扬工作的思路和举措。

来源："青海文旅"微信公众号
中传云大数据平台相关信息共计48篇

重庆市举办"'巴渝工匠'杯重庆市第三届非物质文化遗产职业技能竞赛"

12月8日，由重庆市文化和旅游发展委员会、重庆市人力资源和社会保障局共同主办的"'巴渝工匠'杯重庆市第三届非物质文化遗产职业技能竞赛"在沙坪坝区磁器

颁奖现场

口古镇举行。来自重庆市烤鱼、汤圆制作技艺多名非遗传承人同台竞技，展示传统制作技艺。通过层层选拔，32名选手进入决赛。最终，重庆烤鱼传统制作技艺评选出一等奖1人、二等奖2人、三等奖3人、优胜奖6人；重庆汤圆传统制作技艺评选出一等奖1人、二等奖2人、三等奖3人、优胜奖4人。

来源：重庆市沙坪坝区人民政府门户网站、"文旅中国"客户端
中传云大数据平台相关信息共计37篇

天津市公示第一批市级非遗曲艺书场名单

12月9日，天津市公示第一批市级非遗曲艺书场认定名单。为落实《天

津市曲艺传承发展计划》，提高曲艺传承保护水平，推进曲艺类非遗传承保护成果全民共享，经过各区文化和旅游局推荐、专家评审、现场察看，天津拟认定谦祥益（天津）文化艺术中心、天津市武清区贻笑坊茶馆、九河（天津）娱乐有限公司、天津名流茶馆有限公司为第一批4家非遗曲艺书场。

来源：天津市文化和旅游局政府门户网站
中传云大数据平台相关信息共计15篇

深圳市举办"第四届深圳非物质文化遗产周开幕式暨2021龙岗区'传承多彩文化 共享美好生活'非遗展演"

12月10日，由深圳市文化广电旅游体育局、深圳市龙岗区人民政府主办的"第四届深圳非物质文化遗产周开幕式暨2021龙岗区'传承多彩文化 共享美好生活'非遗展演"在深圳市龙岗区布吉街道文博宫举办。本次活动以"文化深圳 传承非遗"为主题，现场展示了来自本市及外省市的29个各级非物质文化遗产代表性项目，不仅吸引了本地市民群众积极参与，还吸引了来自深圳大学的国际留学生前来参观体验，进一步提高了深圳市民和外国友人对非遗的认同感和了解度，有效助力了以非遗为代表的中华优秀传统文化发展创新。

来源："龙岗文体通"微信公众号、"壹深圳"客户端
中传云大数据平台相关信息共计1394篇

"川渝非遗保护联盟成立大会暨'同根同源'成渝双城非遗保护新路径研讨会"在成都举办

12月10日，由四川省文化和旅游厅、重庆市文化和旅游发展委员会指导，四川省非物质文化遗产保护中心、重庆市非物质文化遗产保

川渝非遗保护联盟第一届理事会单位代表合影

护中心联合主办的"川渝非遗保护联盟成立大会第一次理事会暨'同根同源'成渝双城非遗保护新路径研讨会"在成都举办。会上，川渝非遗保护联盟正式成立。18家联盟第一批成员单位共同发出《川渝非物质文化遗产保护联盟宣言》，川渝两地未来将共同打造"巴蜀"区域非遗项目和品牌，构建川渝两地非遗保护传承体系，实现平台共建、信息共享、网络共创、人才共育，推动川渝两地非遗创造性转化和创新性发展。"同根同源"成渝双城非遗保护新路径研讨会上，来自川渝两地的专家围绕非遗保护联动机制、重点项目合作、文化产业交流合作机制、理论研究队伍建设、非遗人才合作机制等方面作了主题分享。

来源："四川非遗"微信公众号
中传云大数据平台相关信息共计33篇

云南省举办非物质文化遗产代表性项目代表性传承人培训活动

　　12月10日至12日，由云南省文化和旅游厅主办的云南省非物质文化遗产代表性项目代表性传承人培训活动在大理举办。来自全省16个州市和2个省直单位的133位省级非遗代表性传承人和非遗工作者参加了此次培训。活动期间，培训班学员进行了歌舞乐交流，开展了非遗业务知识培训，实地考察了大理传统工艺工作站大理基地、大理传统工艺工作站剑川基地、中央美院驻剑川传统工艺工作站、大理传统工艺工作站鹤庆基地、鹤庆银器艺术小镇、传习所、非遗馆。培训班通过多种形式提升了非遗工作者和传承人的综合素养。

来源：云南省非物质文化遗产保护网
中传云大数据平台相关信息共计500篇

西藏自治区公布首批非物质文化遗产旅游景区（点）名单

　　12月10日，西藏自治区公布首批非遗旅游景区（点）推荐名单。2021年3月，为积极探索非物质文化遗产保护新思维、新方法、新模式，推动创造性转化、创新性发展，实现非遗和旅游深度融合发展，培育一批具有示范性、影响力和惠民生的非遗旅游景区、景点，西藏自治区文化厅、西藏自治区旅游发展厅联合印发了《关于开展首批自治区非遗旅游景

（点）推荐申报工作的通知》，各地积极响应，共推荐申报71个景区（点）。经非遗、旅游联合专家组逐一评审，最终，娘热民俗非遗旅游景区、雅砻扎西雪巴非遗旅游景区、夏尔巴民俗非遗旅游景区等19个旅游景区（点）入选西藏自治区首批非遗旅游景区（点）推荐名单。

西藏自治区首批非物质文化遗产旅游景区（点）评审会现场

来源：中国日报网、中国西藏网、西藏自治区文化厅政府门户网站
中传云大数据平台相关信息共计321篇

《青海省省级文化生态保护区管理办法》12月12日起施行

12月12日，《青海省省级文化生态保护区管理办法》（以下简称《办法》）正式施行。《办法》分四章，共四十二条，明确了省级文化生态保护区申报设立的条件、程序、建设主体及管理职能等，为依法规范、科学有序推动青海省文化生态保护区管理工作提供了制度保障。目前，青海省共设立土族（互助）、循化撒拉族、德都蒙古（海西）3个省级文化生态保护实验区。

来源：青海省文化和旅游厅政府门户网站
中传云大数据平台相关信息共计54篇

广西壮族自治区公布第七批自治区级非遗代表性项目代表性传承人名单

12月14日，广西壮族自治区文化和旅游厅公布第七批自治区级非遗代表性项目代表性传承人名单，梁肇儒、李秀连、陆云岗等193人入选。为贯彻落实《中华人民共和国非物质文化遗产法》《广西壮族自治区非物质文化遗产保护条例》及《广西壮族自治区非物质文化遗产代表性项目代表性传承人认定与管理暂行办法》有关规定，进一步加强非物质文化遗产传承人队伍建设，有效保护和传承非物质文化遗产，广西壮族自治区文化和旅游厅组织开展了第七批自治区级非物质文化遗产代表性项目代表性传承人申报和评审工作。经各地申报、专家评审、社会公示等程序，综合各地反馈的意见和建议，最终确定了第七批自治区级非物质文化遗产代表性项目代表性传承人名单。

来源：广西壮族自治区文化和旅游厅政府门户网站
中传云大数据平台相关信息共计76篇

黑龙江省公布第六批省级非物质文化遗产代表性项目代表性传承人名单

12月15日，黑龙江省文化和旅游厅公布第六批省级非物质文化遗产代表性项目代表性传承人名单，关佰阳、王尔东、肖琦等139位非遗传承人入选。2021年4月，黑龙江省文化和旅游厅启动第六批省级非遗代表性项目代表性传承人申报推荐工作。截至5月30日共接收代表性传承人申报材料197份。9月16日黑龙江省文化和旅游厅召开第六批省级非

评审会现场

物质文化遗产代表性项目代表性传承人评审会，来自黑龙江省非物质文化遗产保护工作专家委员会的16位专家按照评审程序，对所有申报材料进行初审，逐一审核，严格把关，确定出第六批代表性传承人推荐名单145人。经过评议和社会公示，最终公布139人为第六批黑龙江省省级非物质文化遗产代表性项目代表性传承人。

来源：黑龙江省文化和旅游厅政府门户网站、《黑龙江日报》"龙头新闻"客户端
中传云大数据平台相关信息共计167篇

吉林省公布第五批省级非遗代表性项目名录

12月15日，吉林省人民政府公布第五批省级非遗代表性项目名录，吉林蒙古语地名传说等65项入选第五批省级非物质文化遗产代表性项目名录，朝鲜族农乐舞等3项入选省级非物质文化遗产代表性项目名录扩展项目名录。依据《中华人民共和国非物质文化遗产法》和《吉林省非物质文化遗产保护条例》的有关规定，按照《吉林省省级非物质文化遗产代表性项目申报评定办法》的有关要求，结合吉林省非遗保护工作实际，吉林

省文化和旅游厅开展了第五批省级非物质文化遗产代表性项目推荐申报工作。经各地推荐、专家评审、社会公示等环节，最终确定第五批省级非遗代表性项目名录。第五批省级非物质文化遗产代表性项目名录涵盖民间文学，传统音乐，传统舞蹈，传统戏剧，曲艺，传统体育、游艺与杂技，传统美术，传统技艺，传统医药，民俗等十大类；扩展项目名录涵盖传统舞蹈、曲艺、民俗等三类。

来源：吉林省人民政府门户网站
中传云大数据平台相关信息共计94篇

"共享太极·共享健康"太极拳申遗成功一周年系列活动在河南开展

12月17日，由文化和旅游部非物质文化遗产司指导，河南省文化和旅游厅、焦作市委、焦作市政府联合主办，河北省文化和旅游厅、北京市文化和旅游局、天津市文化和旅游局协办，以"共享太极·共享健康"为主题的太极拳申遗成功一周年系列活动在温县陈家沟启动。2020年12月17日，联合国教科文组织在牙买加首都金斯敦宣布，正式将太极拳列入人类非物质文化遗产代表作名录。本次太极拳申遗成功一周年系列

活动现场，温县县委宣传部供图

活动共分为线上、线下两个阶段。线上活动包括太极拳申遗成功一周年系列活动启动仪式、七大社区联合庆祝太极拳申遗成功一周年活动、"我跟大师学太极"线上培训暨名师大讲堂、太极拳"六进"成果展示、太极拳短视频展播、《走进陈家沟·品味太极拳》网络访谈、《非遗之光——太极拳》电视专栏等；线下活动包括太极拳保护履约工作推进会、全国太极拳学术会议、太极拳七大社区汇演活动、太极拳系列出版工程、"印象·太极"演艺首映式、郑焦黄河自行车公开赛（焦作站）、太极拳传承人培训班、中国非物质文化遗产保护协会太极拳专业委员会成立大会暨揭牌仪式等。

来源："河南日报"客户端、"焦作文旅"微信公众号
中传云大数据平台相关信息共计412篇

《宁夏回族自治区级文化生态保护区管理暂行办法》出台

12月20日，宁夏回族自治区文化和旅游厅印发《宁夏回族自治区级文化生态保护区管理暂行办法》（以下简称《办法》）。《办法》共计三十七条，包括总则、申报与设立、建设与管理、附则四个部分，对自治区级文化生态保护区的申报与设立、建设与管理作出了明确规定。《办法》自2022年2月1日起施行，有效期至2024年1月31日止。

来源：宁夏回族自治区文化和旅游厅政府门户网站
中传云大数据平台相关信息共计179篇

安徽省发布2022—2024年度省非遗传承基地单位名单

12月20日，按照《安徽省非物质文化遗产传承基地认定与管理办法》（皖文旅发〔2021〕28号），经过推荐、评审和公示等程序，安徽省文化和旅游厅认定并公布了2022—2024年度安徽省非遗传承基地单位名单，黄麓师范学校、合肥铁研居书院、合肥沁乡茗商贸有限公司等99家单位入选。

来源：安徽省文化和旅游厅政府门户网站
中传云大数据平台相关信息共计183篇

"首届川渝曲艺展演大会"在重庆举办

12月20日至26日，由文化和旅游部民族民间文艺发展中心、重庆市文化和旅游发展委员会、四川省文化和旅游厅、重庆市江北区人民政府主办的"首届川渝曲艺展演大会"在重庆举办。活动以"深化川渝交流，共谋曲艺发展"为主题，举办了开幕演出、川渝曲艺进社区专场演出、川渝曲艺进校园专场演出、纪念四川评书表演艺术家徐勍先生诞辰85周年专场演出、国家级非物质文化遗产保护项目四川竹琴成渝两地交流展演、"川渝乐翻

开幕式活动现场，活动主办方供图

天"2021成渝地区双城经济圈喜剧幽默节目交流展演、重庆市非遗曲艺试点书场展演等系列活动，为广大市民呈上精彩的曲艺视听盛宴。开幕演出中，汇集了四川清音、四川扬琴、谐剧等川渝两地多个经典曲艺艺术形式，汇聚了川渝知名曲艺名家和青年新秀。活动的举办，将进一步促进川渝非遗曲艺传承发展、增进川渝文化交流合作、推动巴蜀文化旅游走廊建设。

来源：中国网
中传云大数据平台相关信息共计284篇

黑龙江省公布2021年入选省级非遗教育基地和研究基地名单

12月21日，黑龙江省文化和旅游厅公布2021年入选省级非遗教育基地和研究基地名单，东北林业大学、黑龙江财经学院等52家单位入选省级非遗教育基地，东北林业大学、黑龙江建筑职业技术学院等16家单位入选省级非遗研究基地。根据《关于开展全省非物质文化遗产教育基地和研究基地申报评审工作的通知》（黑文旅发〔2021〕53号），黑龙江省文化和旅游厅进行了第二批非物质文化遗产教育基地和研究基地申报评审工作，经各地推荐申报，严格履行审核、专家评议、公示等程序，确定省级非物质文化遗产教育基地52家、省级非物质文化遗产研究基地16家。

来源：黑龙江省文化和旅游厅政府门户网站
中传云大数据平台相关信息共计54篇

"河和之契：2021黄河流域、大运河沿线非物质文化遗产交流展示周"在山东举办

12月23日至26日，由山东省文化和旅游厅、泰安市人民政府主办的"河和之契：2021黄河流域、大运河沿线非物质文化遗产交流展示周"活动在山东泰安举办。活动采取静态展览、动态展示、活态展演的方式，以"推动传

活动现场非遗作品展示

统手工艺振兴、强化非遗系统性保护"为主题，分为"文明的赓续"山东省黄河流域振兴传统工艺集萃展、"流动的文化"山东省大运河沿线省级文化生态保护区成果展、高端论坛三大部分。集萃展分为"金、木、水、火、土"五大板块，共展出黄河澄泥陶印、雕版印刷技艺、鲁派内画等78个非遗项目，参展传承人116人。在山东省大运河沿线省级文化生态保护区成果展上，95个非遗项目、158名传承人在泰山文化生态保护实验区、邹鲁文化生态保护实验区等四个省级文化生态保护实验区展区内进行了非遗展演展示。在黄河流域、大运河沿线非物质文化遗产交流展示周高端论坛上，项兆伦、刘魁立等资深非遗专家进行了主旨演讲。

来源：新华网、人民网、山东省文化和旅游厅政府门户网站
中传云大数据平台相关信息共计1225篇

河南省公布第五批省级非物质文化遗产代表性传承人名单

12月24日，河南省文化和旅游厅公布第五批省级非物质文化遗产代表性传承人名单，潘安的传说项目代表性传承人潘书军、妙善观音传说项目代表性传承人何清怀、墨子传说项目代表性传承人袁占才等315人入选。为加强河南省非物质文化遗产传承人队伍建设，有效保护和传承非物质文化遗产项目，按照河南省文化和旅游厅《关于开展第五批省级非物质文化遗产代表性传承人认定工作的通知》，经各地申报、专家评审、厅长办公会研究和社会公示等程序，确定了第五批省级非物质文化遗产代表性传承人315名，涵盖民间文学，传统美术，传统音乐，传统舞蹈，传统戏剧，曲艺，传统体育、游艺与杂技，传统技艺，传统医药，民俗等十大类别。

来源：河南省文化和旅游厅政府门户网站、河南省人民政府门户网站
中传云大数据平台相关信息共计357篇

《山西省黄河流域非物质文化遗产保护传承弘扬专项规划（2021—2035年）》印发

12月24日，山西省文化和旅游厅印发了《山西省黄河流域非物质文化遗产保护传承弘扬专项规划（2021—2035年）》（以下简称《规划》）。《规

划》明确了24项任务和9个专项工作，提出通过开展黄河流域非遗资源全面调查和记录，加强分类保护和区域性整体保护，深化理论研究，强化代表性项目制度建设，提升传承人传承能力，提高传承体验设施效能，探索传承模式创新等具体举措，加强黄河流域非遗系统性保护。

来源：山西省文化和旅游厅政府门户网站
中传云大数据平台相关信息共计29篇

"第五届中国纺织非物质文化遗产大会暨多彩贵州苗绣系列活动"在贵阳举办

12月28日，由中共贵州省委宣传部、中国纺织工业联合会、贵州省工业和信息化厅、贵州省文化和旅游厅等主办的"第五届中国纺织非物质文化遗产大会暨多彩贵州苗绣系列活动"在贵州贵阳举办。大会以"发展苗绣产业　助力乡村振兴"为主题，采取"线下＋线上"的方式，发布了《2020/2021年度中国纺织非遗发展报告》《"十四五"纺织非物质文化遗产工作行业性指导意见》，举办了贵州省苗绣产业协会成立授牌仪式，评选了王启萍、石丽平等11位"中国纺织非遗苗绣推广大使"，授予夏华、黄英峰"贵州苗绣特殊贡献奖"，举办了"全国纺织非遗精品展"和"2021年文化创意设计活动大赛作品展"。"全国纺织非遗精品展"对32家省内外纺织非遗及苗绣相关企业、设计师和传承人等进行展示，展示了具有市场开发潜力、时尚气息十足、体现生活实用性以及文化融合性的纺织非遗创新转化产品。"文化创意设计活动大赛作品展",展示了36件文化创意设计作品风采,促进了设计师、与会嘉宾和参展商家的合作交流。

来源:新华网、《中国文化报》
中传云大数据平台相关信息共计906篇

山东省非遗研究基地名单公布

12月29日,山东省文化和旅游厅公布山东省非遗研究基地名单,37家单位入选。为提升非遗理论研究水平,加强非物质文化遗产系统性保护,山东省文化和旅游厅启动了全省非物质文化遗产研究基地评选工作。经各市和有关单位申报、材料审核、省外专家和省内专家两轮评审、公示等环节,共认定山东大学儒学高等研究院民俗学研究所等37个山东省非物质文化遗产研究基地。

来源:大众日报、山东省文化和旅游厅政府门户网站
中传云大数据平台相关信息共计449篇